세상은 여전히,
아름다운 순간들로
채워지고 있다

참을 수 없는 1%의 울림

Finding Star

한유길 지음 · 우미나 그림

BOOK AGIT

머리말

'참을 수 없는 1%의 울림'을 전하며

화창한 가을날입니다. 오늘처럼 맑고 높고 푸른 하늘을 오랜만에 본 듯합니다. 몸과 마음의 묵은 때를 씻어낸 듯 가벼움과 상쾌함이 느껴지는 오늘, 저는 또 하나의 여정을 마쳤습니다. 바로 이 책을 완성한 날이기 때문입니다.

이 책을 통해 세상에 알려지지 않은, 마음을 울리는 이야기를 전하고 싶었습니다. 처음에는 정말 이런 일이 있었을까 믿기지 않을 정도로 심금을 울리는 실화들을 찾아내고, 사실 여부를 검증하며 글을 써 내려갔습니다. 그 이야기를 가장 먼저 소개했던 곳은 유튜브 채널

〈파인딩스타〉였습니다.

많은 분이 이들의 이야기에 공감해 주었습니다. 때로는 너무 아름다워 눈시울을 붉히고, 때로는 미소를 지으며 감동을 나눈 구독자들이 어느덧 20만 명이 넘었습니다. 조회 수 500만을 넘어선 영상 콘텐츠만도 10개가 넘고, 수만 개의 댓글이 이어질 정도로 깊은 공감을 받았습니다.

그리고 이제, 그 이야기들이 활자로 바뀌어 한 권의 책으로 나왔습니다. 이 책은 지난 6년간 헤매고 찾아낸 수많은 별 중에서도 가장 울림이 깊은 이야기들을 엄선하여 정리한 결과물입니다. 책을 통해 아날로그 감성과 스토리에 담긴 다양한 감정을 직접 느낄 수 있을 것입니다. 그에 덧붙여 삶을 되돌아볼 수 있는 에세이와 마음이 따뜻해지는 일러스트도 함께 볼 수 있습니다. 오늘처럼 맑은 날, 햇살을 받으며 페이지를 넘길 때 느껴지는 푹

푼한 책 향기와 함께라면 더욱 깊은 감동을 전할 수 있으리라 자부합니다.

이 책은 온 가족이 함께 읽으며 감동을 나눌 수 있는 이야기들로 가득합니다. 누군가에게 선물로 준다면 받는 사람에게도 깊은 울림을 전하리라 믿습니다. 더불어 글을 읽은 후 영상으로 실제 장면을 보고 싶은 독자들은 유튜브 채널 〈파인딩스타 www.youtube.com/@CH61〉를 방문하길 바랍니다. 영상 속 살아 숨 쉬는 이야기들이 또 한 번 새로운 감동을 선사할 것입니다.

세상에 알려지지 않은 별들의 이야기를 통해 그동안 잊고 살았던 자신의 감성과 마주하고, 진솔한 삶의 철학을 발견할 수 있기를 바랍니다.

이 책을 마무리하는 순간까지 곁에서 함께해준 가족에게 감사와 사랑을 전하고 싶습니다. 언제나 힘이 되어 주는 어머니와 제 삶의 빛이 되어 준 아내 윤경, 그리고 사랑스러운 딸 연서와 서진이에게 진심으로 고맙고 사랑한다고 전합니다.

이 책이 많은 이에게 '참을 수 없는 1%의 울림'이 되기를 소망합니다.

지은이 한유길

목차

2

절대 포기하지 않는 사람들

3

세상을
바꾸는
작은 용기

4

우리를
감동시키는
이 땅의 생명들

5

우리가
기억해야 할
이야기

1

사랑이 기적을 만들 때

기적이 일어났다.

모두가 입양을 거부했던 난치병을 앓는 두 살 아기가

의료진의 예상을 뒤엎고 보란 듯이 청년으로 성장했다.

시한부 아기를 입양한 부부

곧 죽을 거라던 아이가
지금 스물일곱 살입니다

1995년, 영국의 한 가정집 앞에서 3개월 된 아기가 버려진 채 발견되었다. 아기의 건강은 매우 안타까운 상태였다. 심각한 뇌 손상, 전신마비, 간질 진단까지 받은 아기는 설상가상으로 청력과 시력까지 거의 사라진 상태였다.

더욱 믿기 힘든 일은 이 모든 게 친부모의 방치와 학대로 인한 결과라는 점이었다. 영국 법원은 아기의 친부모에게 유죄를 선고하고 2년의 집행유예를 선고했다. 하지만 그들은 뉘우치지 않았고, 여전히 아기를 돌보려 하지 않았다. 아무도 돌볼 사람이 없자, 이 아기는 절차에 따라 위탁 보호소에 맡겨졌다. 그러나 건강이 심각하게 좋지 않은 아기를 입양하려는 양부모는 없었다.

그러던 어느 날, 호튼 부부가 이 아기를 만났다. 마치 운명에 이끌리듯, 뉴질랜드 웰링턴에 사는 두 사람은 그 아기를 입양하기로 결심했다.

"아기를 본 순간, 한 치의 망설임도 없었습니다."

"오직 사랑만으로 아이를 키울 것입니다."

호튼 부부는 굳은 의지로 맹세를 하고 아기를 소중히 품에 안았다.

그들은 아기의 이름을 '칼럼'이라고 짓고 아이의 상태를 정확히 살피기 위해 곧바로 병원으로 달려갔다. 하지만 의사의 말을 들은 호튼 부부는 가슴이 무너졌다. 의사가 칼럼의 수명이 18개월밖에 남지 않았다고 진단한 것이다. 호튼 부부는 너무 빨리 아들을 잃게 될지도 모른다는 사실을 받아들이기가 무척 힘들었다. 그런데도 그들은 온 마음을 다해 칼럼을 돌보았다.

"우리가 칼럼을 위해 할 수 있는 일은 그를 안고, 위로하고, 사랑하는 것뿐이었습니다."

부부는 칼럼을 끝까지 사랑으로 키우겠다고 다짐

하며 아들을 데리고 갈 수 있는 곳은 어디든지 같이 가며 함께 시간을 보냈다.

어느덧 의사가 진단한 운명의 18개월이 지나갔다. 그런데 예상했던 결과와 달리 기적이 펼쳐지기 시작했다. 칼럼에게 나타난 가장 눈에 띄는 신체의 변화는 기능을 상실한 눈과 귀가 열리기 시작했다는 것이다. 감각기관이 조금씩 회복되면서 세상을 보고 들을 수 있게 되었고, 칼럼의 눈빛은 반짝이기 시작했다. 그동안 한 번도 보지 못한 미소까지 띠며 세상을 놀라게 했다.

그의 양부모는 기쁨에 넘쳐 칼럼의 작은 가슴에 얼굴을 묻고 감사의 눈물을 흘렸다. 담당 의사도 "내 생애 이렇게 행복한 표정을 짓는 장애아는 본 적이 없다."라고 말했다. 호튼 부부의 정원에는 꽃이 피었고, 그중 칼럼은 보라색 라일락을 좋아했다.

세월이 흘러 18개월밖에 살지 못한다는 진단을 받은 아기는 27세의 청년으로 성장했다. 그때 그의 어머니는 82세, 아버지는 90세가 넘었다. 2022년 4월, 코로나 팬데믹 기간에 그의 노부모는 코로나 바이러스에 감염되어 격리되어야 했다. 몇 주 뒤에 다행히 회복되어 아들이 기다리는 집으로 돌아왔는데, 칼럼은 조용히 눈을 감고 따뜻한 햇빛을 받으며 침대에 평화롭게 누워 있었다. 그렇게 그는 27세의 나이로 하늘의 별이 되었다.

"인생이 너무 공허합니다."

"미소를 짓던 칼럼이 너무 그립습니다."

칼럼을 잃은 호튼 부부는 슬픔에 빠졌다.

호튼 부부는 40년이 넘도록 자원봉사 활동을 통해 장애 아동을 돕는 데 힘써왔다. 봉사 활동을 하던 중에 '칼럼'을 알게 되었고, 첫눈에 자신들의 아들임을 알아채고는 사랑의 감정을 느꼈다고 한다. 영국은 이들이 평생 베푼 깊은 헌신과 사랑에 경의를 표하며, '퀸 어워드'를 수상했다.

'칼럼'의 장례식이 있던 날, 27년을 함께 한 양부모는 장례식에 참석할 조문객들에게 아들이 평소 좋아했던 라일락을 부탁했다. 그리고 백마가 이끄는 마차에 칼럼을 싣고 마지막을 함께했다.

칼럼과 호튼 부부의 이야기에 감동한 한 독자는 이렇게 글을 올렸다.

'신이 존재한다면 아마도 사랑의 존재를 확인하라는 뜻으로 칼럼을 이 세상에 보내셨을 것입니다. 그 양부모님의 사랑에 경의를 표합니다.'

다음은 호튼 부부가 칼럼의 묘비에 쓴 글이다.

◆ 칼럼의 묘비 글 ◆

너는 한 번도 우리를 떠난다고 말한 적이 없는데
작별 인사도 안 하고
우리가 모르는 사이에 먼저 떠났구나.
그 이유는 오직 신만이 알겠지.
백만 번 나는 네가 필요했다.
백만 번을 울었다.
사랑만으로 널 구할 수 있었다면,
넌 절대 죽지 않았을 거야.
살면서 너를 정말 사랑했단다.

죽어서도 여전히 널 사랑한다.

지금도 널 사랑한단다.

내 마음속 빈자리는 너만이 채울 수 있어.

너를 잃어 너무 괴롭지만,

너는 혼자 간 것이 아니란다.

신이 널 데려간 날에

내 일부가 너와 함께 갔기 때문이란다.

칼럼의 묘비

* 조건 없이 누군가를 온전히 사랑할 때

살아가며 우리는 다양한 사랑을 경험한다. 부모의 사랑, 연인의 사랑, 친구의 사랑 그리고 때로는 예상치 못한 곳에서 마주하는 낯선 이의 따뜻한 사랑도 받는다. 하지만 가장 위대한 사랑은 대가가 없는 사랑, 그저 존재 자체로 아끼고 보살피는 헌신적인 사랑이다.

칼럼과 호튼 부부의 이야기를 읽으면, 사람들은 가슴 깊은 곳에서부터 뜨거운 감정이 차오르는 것을 느낀다. 모든 사람이 포기했던 아이를 아무런 조건 없이 안아주었던 그들의 결심, 그리고 18개월밖에 살지 못할 것이라는 의사의 선고 앞에서도 오직 사랑으로 기적을 만들어낸 그들의 삶은 사랑이 가진 힘이 무엇인지 다시금 깨닫게 해준다.

가끔 세상은 차갑고 냉정하게 느껴지기도 한다. 바쁜 일상에서 우리는 서로를 돌아볼 여유조차 없이 살아가기 때문이다. 타인의 고통에 무심해지고, 자신의 자리에서 벗어나 누군가를 위해 희생한다는 것이 쉬운 일은 아니다. 하지만 호튼 부부는 그 어려운 선택을 했다. 누구도 손 내밀지 않던 아기에게 부모가 되어 주었고, 그의 삶을 끝까지 책임지기로 했다. 단지 그 아이에게 따뜻한 세상을 보여주기 위해서 말이다.

이 이야기는 문득 내 삶을 되돌아보게 만든다. 우리는 지금까지 얼마나 많은 사랑을 주며 살았을까? 사랑을 받기 위해서가 아니라, 그저 순수하게 누군가를 위해 온전히 사랑했던 순간이 얼마나 되었을까?

우리는 사랑을 하면서도 때로는 조건을 걸고, 보상받기를 기대한다. 하지만 가장 깊고 순수한 사랑은 아무런 이유 없이 주는 사랑일 것이다. 그런 사랑은 한 사람의 인생을 바꾸고, 때로는 세상을 따뜻하게 만든다.

〈파인딩스타〉 영상 보기

황새의 비행거리는 무려 1만 6,000km다.
이 먼 거리를 날아 황새가 향하는 곳은
바로 가족이 있는 둥지다.

철새 한 쌍이 만든 놀라운 변화

21세기 최고의 러브스토리를 보았습니다

1993년, 크로아티아 사바강 인근 마을에서 낚시를 하던 스테판은 다친 황새 한 마리를 발견했다. 그는 한쪽 날개가 부러져서 몸부림치는 녀석을 품안에 안고 집으로 돌아왔다. 크로아티아 사람들은 오래전부터 황새를 생명의 상징으로 여겼다. 황새의 날개는 총에 맞아 많이 다쳤으며 비행이 어려워 보였다. 스테판은 부상과 허기로 야윈 이 황새를 정성껏 돌보기 시작했다. 그리고 황새에게 '말레나'란 이름을 붙여줬다. 어느덧 말레나는 부상을 회복했지만, 스테판의 정성에도 불구하고 한쪽 날개에 영구적인 장애가 생겼다.

스테판은 아빠처럼 매일 물고기를 잡아 말레나의 입에 넣어 주었고, 외출할 때면 옆자리에 태우고 다녔다. 지붕 위에 말레나의 둥지를 짓고 밤낮으로 보살폈다. 그렇게 함께한 시간이 무려 8년이 된 2001년, 어느 날 예상치 못한 일이 생겼다. 말레나의 둥지에 수컷 한 마리가 날아든 것이다.

스테판은 그들을 유심히 지켜봤다. 수컷이 날갯짓을 못 하는 말레나를 받아들일까? 스테판의 걱정은 기우였다. 둘은 마치 오래된 연인처럼 신기하게 서로를 온전히 받아들였다. 마침내 둥지에 사랑이 싹튼 것이다.

이제 사람 아빠인 스테판이 할 일은 없었다. 둥지

클렙톤은 말레나를 정성스럽게 돌보았고 머지않아 둘 사이에 새끼가 생겼다

로 들어온 수컷은 매일 먹이를 잡아서 말레나의 입에 넣어주며 남자로서 책임과 사랑을 듬뿍 주었다. 동화 같은 이야기가 이어졌고, 스테판은 이 수컷 황새를 '클랩톤'이라 불렀다. 얼마 후 그 둘 사이에 새끼가 생겼고, 클랩톤과 말레나는 이제 진정한 부부가 되었다. 이 모든 것을 곁에서 지켜본 스테판은 영화같이 아름다운 그들의 사랑에 감동했다.

그런데 초겨울 어느 날, 집을 나간 클랩톤이 돌아오지 않았다. 클랩톤이 사라진 후 하염없이 먼 산만 바라보며 남편만 기다리던 말레나는 나날이 야위어 갔다. 스테판은 말레나가 비록 동물이지만 이별의 아픔에 힘들어하는 모습을 보니 신기하면서도 가슴이 아팠다.

이듬해 3월, 하늘에 낯익은 황새가 날아왔다. 바로 클랩톤이었다. 그때까지만 해도 스테판은 철새의 회귀 본능을 모르고 있었다. 이들은 겨울을 나기 위해 머나먼 아프리카 대륙을 횡단해 서식지에 있다가 봄이 되어 다시 이곳으로 돌아온 것이다. 그 거리는 편도 1만 6,000km이며, 자그마치 한 달 동안 비행해야 하는 먼 거리다.

매년 클렙톤은 엄청난 거리를 이동하고 다시 말레나를 찾아왔다. 그렇게 무려 15년을 이어갔고, 그사이 예순여섯 마리의 새끼들이 독립했다. 스테판이 이 감동적인 이야기를 세상에 전하자 크로아티아 국민이 큰 관심을 보이기 시작했다.

2017년 늦은 봄, 뜻밖의 일이 일어났다. 그때까지 말레나는 홀로 둥지를 지키고 있었다. 철새 클렙톤이 아프리카 대륙을 넘어 집으로 와야 할 시간이 한참 지났기 때문이다. 이상한 직감이 들었다. 할아버지가 된 스테판은 클렙톤의 이동 경로를 샅샅이 뒤지기 시작했고, 놀라운 사실을 발견했다.

매년 크로아티아로 오는 200만 마리의 철새가 이동 중에 레바논을 경유한다. 그런데 안타깝게도 이곳은 철새들의 무덤이 되고 있었다. 지상에서 사냥꾼들이 엽총을 들고 수많은 철새를 노리고 있기 때문이었다.

스테판은 도저히 가만히 있을 수 없었다. 그는 둥지에 있는 클렙톤의 깃털을 주워 편지를 쓰기 시작했다.

친애하는 레바논 미셸 아운 대통령님께,

제 이름은 스테판 보키치입니다. 25년 전, 나의 조국 크로아티아에 있는 작은 마을에서 날개에 상처를 입은 황새 한 마리를 발견했습니다. 그 황새는 사냥꾼들의 총에 맞았습니다. 다시는 날 수 없다는 것이 철새에게는 죽음을 의미한다는 것을 아실 겁니다. 저는 어떤 식으로든 황새를 돕고 싶은 마음에, 그에게 말레나라는 이름을 지어주고 돌보기 시작했습니다.

그 새와 수년간 우정을 쌓으면서, 저는 황새에 관한 많은 사실을 배웠고, 그 생물이 얼마나 위대한지 깨달았습니다. 15년 전 봄, 아프리카에서 돌아오던 중 수컷 황새 클렙톤이 둥지에 내려앉았습니다.

그날 이후로 그와 말레나는 떼려야 뗄 수 없는 관계가

철새 말레나를 돌본 스테판

되었고, 현재까지 60여 마리나 되는 어린 황새가 둥지를 떠나, 세상을 향해 날아갔습니다. 가을이 다가오면 클렙톤은 겨울을 보내기 위해 남아프리카로 여행을 떠났지만, 3월 말에는 크로아티아의 말레나에게 항상 돌아왔습니다. 이런 일은 15년 동안 이어졌고, 한 해도 거르지 않았습니다.

클렙톤의 1만 6,000km의 여정은 위험으로 가득합니다. 더욱이 최근에 그를 기다리는 열흘 간의 기간은, 제 인생에서 가장 긴장된 순간이었습니다. 클렙톤이 혹시나 돌아오지 못할 수도 있다는 생각이 무엇보다 저를 두렵게 합니다. 여행하는 동안 폭풍, 배고픔, 갈증이 그를 위협하지만, 비행 중 가장 위험한 부분은 바로 레바논 상공을 가로지르는 200km 거리의 비행입니다. 매년 200만 마리의 철새가 이곳 하늘을 지나가다가 사람들에 의해 죽고 있습니다. 그렇게 잡힌 철새는 일부는 재미로, 일부는 음식으로, 일부는 판매용으로 이용되고 있습니다. 지난 15년간 그랬듯이 올해도 클랩톤은 아프리카로의 여행을 시작하고, 다시 한번 레바논 상공을 비행할 것입니다.

철새 보호를 위해 최선을 다해 주시길 바라는 마음으로, 그의 깃털로 쓴 이 편지를 보냅니다. 저는 깃털이 칼보다 강하다고 믿습니다. 이 특별한 깃털을 사용하여, 새로운 변화를 주도하고 철새들을 무자비한 학살로부터 구할 수 있도록 이 문서에 대통령님의 서명을 간절히 바랍니다.

절절한 스테판의 편지는 전 세계의 큰 관심을 일으켰고, 레바논 대통령은 깊이 감동했다. 또한 레바논 정부는 철새 보호 정책을 과감하게 시행했다. 그러나 클렙톤은 여전히 돌아오지 않았다. 크로아티아 일부 사람들은 이미 큰 변을 당했으리라 낙담했지만, 대다수는 그런 추측을 믿고 싶어 하지 않았다.

오히려 새 둥지가 보이는 곳에 카메라를 설치하고 시민 광장에 생중계할 정도였다. 클렙톤이 살아서 둥지로 돌아오길 바라는 간절한 희망 때문이었을까? 기적이 일어났다. 클렙톤이 돌아온 것이다. 시민들은 환호를 지르며 클랩톤을 반겼다. 그의 몸에는 피가 묻어 있었고, 상처투성이였다.

돌아오는 과정이 얼마나 험난했을지 상상이 되었다. 광장의 시민들은 종을 초월한 위대한 사랑의 경이로운 모습에 눈물을 훔치고 있었다. 전 세계 미디어는 이 황새의 실화를 '21세기 최고의 러브스토리'라고 칭송하였다.

"저는 깃털이 칼보다 강하다고 믿습니다."

스테판이 깃털로 쓴 편지 한 통은 무려 200만 마리의 철새를 구했다.

* 작은 깃털이 바람의 방향을 바꾸다

오늘도 주변에서 일어나는 많은 일을 '별일 아니야' 하며 넘겼다. 그렇게 그냥 지나치고, 못 본 척하며, 아무것도 하지 않기로 한다. 대부분 일이 내 삶에 그렇게 크지 않아 보이기 때문이다.

한편으로 조금 마음 쓰이는 상황과 마주해도 이렇게 생각하기 쉽다.

'내가 무언가를 한다고 바뀌는 게 있겠어?'

하지만 때로는 내가 한 별일 아닌 행동이 다른 이에게 의미 있는 영향을 미치기도 한다. 가벼운 안부 인사가 어떤 이에게는 삶을 버틸 수 있는 이유가 되고, 고개를 돌려 바라봐 주는 그 시선 하나가 조용히 울고 있던 마음을 일으켜 세우기도 한다.

다친 새를 따스한 마음으로 돌보고, 새들의 삶을 통해 아름다운 사랑을 엿볼 수 있었던 것도 작은 관심에서 비롯되었다. 그렇게 철새들의 삶을 응원하다 보니 수많은 새의 생명을 구하는 일이 시작되기도 한다.

상처 입은 한 생명을 향한 손길이 수많은 이의 마음을 움직였고, 그 마음은 어느새 국경을 넘어 하나의 희망으로 이어졌다. 깃털처럼 가볍게 시작된 관심이 바람의 방향을 바꾸고, 그 바람이 세상의 흐름도 조금씩 바꾼 것이다.

세상을 바꾸는 일은 거창한 의지가 아니라, 그저 '그것을 지나칠 수 없었던 따뜻한 마음'에서 비롯된다.

우리가 무심코 넘기는 장면들, 별일 아니라 여기는 작고 작은 순간 속에도 누군가를 지키고 변화시키는 시작점이 숨어 있다. 내가 할 수 있는 작은 행동 하나가 누군가에게는 아주 큰 용기와 희망이 될 수 있기 때문이다.

변화는 거창하지 않다. 조용하지만 꾸준하게, 작은 깃털이 일으키는 바람처럼 시작된다.

<파인딩스타> 영상 보기

갑자기 탑승을 거부한 남편 때문에
놀이기구를 혼자 타게 된 아내,
결국 그녀의 표정은 분노로 이어졌다.
얼마 후 눈을 부릅뜬 이 사진을 남편에게 보여주며
아내는 뜻밖의 말을 꺼내는데…….

사진 뒤에 숨은 감동 스토리

혼자 놀이기구를 탄 아내는 화가 났습니다

2016년, 조던 알렉산더는 미국 플로리다주의 디즈니랜드로 가족여행을 떠났다. 디즈니랜드의 매직 킹덤에서 그녀가 가장 타고 싶은 놀이기구는 통나무 보트였다. 몇 차례 연기된 여행이었기에 이번에는 반드시 통나무 보트를 타겠다고 다짐했다. 그러나 탑승 직전, 남편 스티브는 갑자기 피곤을 호소하며 조던에게 놀이기구를 혼자 타라고 말했다.

"난 피곤해서 도저히 안 되겠어. 기운이 없어. 당신 혼자 타야겠다."

그러면서 먼저 가라며 손짓까지 했다. 할 수 없이

혼자 통나무 보트를 타게 된 조던은 외로운 기분이 들었다. 그렇게 조던은 세상에서 가장 분노한 표정으로 놀이기구를 탔다. 그런 조던의 모습은 놀이기구를 타면 찍어주는 스냅 사진에 고스란히 찍혔고, 그 사진은 온라인 상에 퍼졌다. 그 바람에 조던은 갑작스레 유명인이 되었다. 사람들은 온라인에서 이 사진을 패러디하며 큰 화제를 만들었지만, 사진 너머에 숨겨진 감동적인 사연은 따로 있었다.

조던의 남편 스티브는 2003년 아버지로부터 신장을 이식받았다. 이후 조던이 스티브를 처음 만났을 때는 이식받은 신장이 또다시 악화되던 중이었다. 그런데도

세상에서 가장 화난 표정으로 놀이기구를 타는 아내

이들의 사랑은 변함이 없었고, 미래를 함께하기로 했다.

그들은 사랑과 건강을 둘 다 놓치고 싶지 않았지만, 스티브의 신장 상태가 좀처럼 나아지질 않았다. 심지어 신혼여행에 신장 투석기를 가지고 다닐 정도였다. 다행히 간호사였던 조던이 직접 투석기를 연결하고 작동시켰다.

그렇게 조던은 수년 동안 매일 5시간 이상을 남편과 함께하며 지극 정성으로 돌봐주었다. 2011년, 스티븐은 두 번째 신장을 이식받았고, 상태가 일시적으로 호전되면서 두 자녀도 생겼다. 다른 사람들처럼 가족여행도 계획할 수 있었다. 비록 둘째 아이 임신과 놀이기구 고장으로 일정이 미뤄졌지만, 마침내 부부는 그토록 타고 싶었던 디즈니랜드의 통나무 보트를 함께 타게 되었다. 사실 이 여행을 오기까지 스티븐의 의지가 더 강했다.

"이것은 우리가 신부전과 투석을 이겨내고 함께한다는 상징이었어요."

그는 조던을 위해서 약속을 꼭 지키고 싶었다고 말했다. 그러나 탑승 전 갑자기 밀려오는 통증과 피로감에 스티븐은 통나무 보트를 도저히 탈 수 없었다. 조던의 마음은 무너졌지만, 겉으로 드러내고 싶지 않았다. 스티븐을 위해 마음을 고쳐먹기로 한 것이다.

"놀이기구를 타는 내내 표정 연습을 했어요. 기왕에 제대로 하고 싶었지만, 거울이 없어서 최대한 이마를 찌푸리고 최선을 다해 인상을 구겼어요."

조던은 남편이 자기 얼굴을 보며 한바탕 웃고는 잠시라도 통증을 잊길 바랐다. 세상에서 가장 분노한 표정으로 놀이기구를 타는 사진은 그렇게 탄생한 것이었다. 그리고 사진을 남편에게 건네며 말했다.

"당신을 위해서 준비한 거야. 자, 선물이야."

사진을 본 스티븐은 박장대소를 했다. 얼마 후 스티븐은 이 사진과 함께 글을 올렸다.

"어려운 시기에도 서로를 웃게 만드는 능력, 그녀 없이 저는 살아남지 못했을 것입니다. 내가 가장 힘들 때 나를 안아줬고 믿어 주었지요. 그래서 세상은 이 화난 여성의 사진을 보며 웃겠지만, 저를 이끌어준 재밌고, 똑똑한 이 아름다운 여인을 나는 누구보다 사랑합니다. 그녀는 나에게 삶과 예쁜 두 아이, 남자가 바랄 수 있는 가장 위대한 삶을 선물해 줬어요."

5년이 지난 2021년, 스티븐은 세 번째 신장 이식을 받았다. 여전히 삶과 고군분투하고 있지만, 강건하게 이겨 나가고 있다. 이들을 응원하는 사람들이 온라인에 이런 글과 사진을 올렸다.

'조던과 스티븐이 함께 놀이기구를 타는 모습을 언젠가 꼭 보고 싶습니다. 바로 이런 모습으로 말입니다.'

놀이기구를 함께 탄 세상에서 가장 행복한 부부

✳ 힘들 때, 웃는 법을 아는 사람

삶은 가끔 버겁다. 마음먹은 대로 되지 않고, 매일 아침 똑같이 일어나지만 어제보다 조금 더 지쳐 있고, 버텨야 할 이유가 점점 흐려지는 날도 있다.

그럴 때 필요한 것은 누군가와 나누는 아주 작은 웃음 하나다. 모든 게 무너져도, 그 사람 얼굴만 보면 웃음이 나는 그런 순간들이 삶을 붙잡는다.

사랑의 모습은 진지하고, 열정적이며 헌신적이기도 하다. 하지만 진짜 오래가는 사랑은 그 안에 유머와 여유가 있는 함께 웃을 수 있는 사랑이다. 삶이 힘들고, 마음이 조급할수록 서로를 바라보며 잠시 멈추는 여유, 그 짧은 쉼표 하나가 같은 방향을 보고 있다는 믿음을 확인시켜준다.

아무리 바쁘고 힘든 날에도 상대가 웃을 수 있도록 표정을 짓고, 장난을 치고, 별일 아닌 걸로 티격태격하는 그 과정 속에서 함께 살아가고 있음을 느낀다.

진지함 속에만 머무르면 우리는 어느새 삶을 너무 무겁게 짊어지고 만다. 하지만 누군가와 눈을 맞추며 웃을 수 있다면 그날은 살만 하다.

이 순간, 사랑하는 사람을 위해 잠시 멈추고 그의 고단함에 함께 걸음을 늦춰보자. 삶이 언제나 쉽지는 않지만, 그 모든 고단함 사이에 함께하는 웃음이 있다면, 우리는 여전히 잘 살아가고 있는 것이다. 그 웃음이 함께하는 한, 어떤 어려움도 결국 지나간다.

<파인딩스타> 영상 보기

생일을 맞은 한 소녀에게 꽃과 카드가 도착했다.
그녀의 아빠가 보낸 생일 선물이었다.
그 순간 소녀의 마음은 미어졌다.
아빠가 보낸 편지는 이번이 마지막이기 때문이다.

세상을 떠나기 전, 아빠가 남긴 마지막 편지

생일을 맞은 딸이 외롭기 않기를 바랍니다

5년 전, 미국 테네시주의 한 병원에서 시한부 선고를 받은 환자가 있었다.

"애석하게도, 시간이 얼마 남지 않았습니다."

며칠 전부터 몸이 이상해서 병원을 찾은 베일리의 아빠는 생각지도 못한 의사의 말을 듣고, 그 자리에서 주저앉고 말았다. 그 순간 두려운 것은 죽음이 아니었다. 너무도 빨리 찾아온 이별, 딸 '베일리'와 함께 보낼 수 있는 시간이 얼마 남지 않았다는 사실 때문이었다. 눈물을 훔치며 집으로 돌아온 베일리의 아빠는 펜을 들었다. 내년이면 17세가 될 딸 '베일리'에게 보낼 생일 축하 편지를 미리 써 놓기로 한 것이다. 아빠 없이 생일을 맞이하게 될 딸 베일리가 외롭지 않기를 바라는 마음에서였다.

그는 베일리가 그 해부터 21세가 될 5년 후까지 해마다 생일에 카드를 받을 수 있게 각각 다른 다섯 장의 축하 카드를 준비했다. 이렇게 준비한 5년 치의 편지를 들고 꽃 가게를 찾았다.

"매년 딸의 생일에 이 편지를 꽃과 함께 꼭 보내주세요. 잊으시면 안 됩니다. 꼭 부탁드립니다."

아빠는 꽃 가게 사장님께 신신당부했다.

이듬해, 온몸에 암세포가 전이된 베일리의 아빠는 결국 하늘의 별이 되고 말았다. 아빠의 장례식이 끝나고 얼마 후 베일리는 17세 생일을 맞았다. 생일 아침 배달된 꽃다발과 카드를 보고 베일리는 깜짝 놀랐다. 편지를 보낸 사람은 세상에 안 계신 아빠였다. '생일 축하해'라는 글자는 분명 아빠의 손 글씨였다.

그렇게 꽃 가게 사장님은 해마다 베일리의 생일 때가 되면 어김없이 꽃 한 다발과 생일 축하 카드를 보냈다. 베일리의 아빠와 한 약속을 지켜준 것이다. 그리고

5년째가 되어 아빠의 마지막 생일 카드를 받은 베일리는 화려한 꽃다발과 함께 편지를 세상에 공개했다.

"이 꽃은 내가 스물한 번째 생일을 맞아 아빠한테 받은 마지막 꽃이에요. 아빠가 너무 보고 싶네요."

사랑하는 딸, 베일리

이 편지가 마지막이 되겠구나.

그래도 더 이상 아빠 때문에 울지 않았으면 좋겠어.

아빠는 지금 정말 좋은 곳에 있거든.

베일리, 너는 아빠한테 정말 소중한 보석이야.

알지?

Bailey,
This is my last love letter to you until we meet again. I do not want you to shed another tear for me my Baby girl for I am in a better place. You are and will always be the most precious jewel I was given. It is your 21st birthday and I want you to always respect your momma and stay true to yourself. Be happy and live life to the fullest. I will still be with you through every milestone, just look around and there I will be. I love you Boo Boo and Happy Birthday!!! Daddy

베일리가 스물한 번째 생일에 아빠에게 받은 꽃다발과 편지

오늘이 스물한 번째 맞는 생일이구나.

정말 축하해!

항상 엄마도 잘 보살펴드리고 무슨 일을 하든

스스로를 믿고 행동하도록 해.

네 인생이 행복하길 바랄게.

아빠는 항상 네 곁에 있단다.

주위를 둘러보면, 늘 그곳에 있을 거야.

사랑해 그리고 생일 축하해!

- 아빠로부터

마지막 편지를 공개하고 1년 후, 또 다시 베일리의 생일이 되었다. 그녀에게 다시 한번 놀라운 일이 일어났다. 전 세계 누리꾼들이 생일 축하 인사를 보낸 것이다. 더 이상 받지 못할 아빠의 편지 대신 그녀의 SNS 트위터에 보낸 축하 인사였다. 전 세계의 온정은 무려 1만 3,000여 개의 댓글로 이어졌다. 특별한 선물도 받았다. 아빠의 손 글씨를 담은 목걸이였다. 펜던트에는 베일리 아빠의 손 글씨체로 이런 글귀가 적혀 있었다.

'Stay true to yourself(자신에게 충실해라)'

베일리는 평생, 이 목걸이를 풀지 않을 것이라 했고, 이들의 온정은 지금까지도 이어지고 있다.

"아빠가 내 아빠라는 게 너무 행복해요."

⁕ 떠난 뒤에 알게 되는 사랑의 가치

무심한 듯 챙겨주는 작은 배려와 익숙한 일상의 반복 속에 부모의 사랑이 녹아 있다. 그러나 자식은 언제나 바쁘고, 부모는 언제나 그 자리에 있다. 이상하게도 부모에게만 세상에서 제일 바쁜 자식이 되고, 정작 서로에게 건네야 할 말은 마음속에서만 맴돌다 흩어지곤 한다.

평생 곁에 있어 줄 것만 같았던 부모님의 그림자가 어느 날 사라졌을 때, 우리는 진짜 세상에 혼자 남겨진 듯한 기분을 느낀다. 그렇게 시간이 흐르다가 우연히 부모님의 흔적을 마주하게 될 때면 어김없이 마음 깊은 곳에서 그리움이 밀려든다.

더욱이 세상에 지쳐 터덜터덜 집에 들어가는 날에는 문득 잔소리로만 들렸던 다정한 말 한마디가 간절해진다.

밥은 먹었는지, 힘든 일은 없는지, 일은 잘 되고 있는지 늘 걱정 섞인 말들, 그 잔소리가 그리워진다.

사랑은 사라지지 않는다. 특히 부모가 자식에게 남긴 마음은 시간이 지나도, 나이가 들어도, 우리의 삶을 다정하게 감싸안는다. 그리고 그 사랑은 우리를 끝까지 살아가게 하는 힘이 된다.

<파인딩스타> 영상 보기

"내 품에서 죽어가는 어린 소년을 보면서 느꼈던
비통함을 잊을 수 없습니다."
노인은 50년 전 충격을 회상하며
흐르는 눈물을 감추지 못했다.

가난한 환자를 위해 평생 무료 진료한 의사

병원비 720원, 정말 괜찮습니다

이집트 북부 탄타시, 세월의 흔적이 느껴지는 2층 건물의 가파른 계단을 올라가면 좁은 복도에 길게 줄을 서서 기다리는 사람들이 보인다. 한쪽 구석의 낡은 책상 위에는 서류들이 쌓여 있고, 진료실 방 한편과 벽 너머에는 오래된 차트들로 가득하다. 구부정한 등과 얼굴에 주름이 깊게 팬 할아버지 의사가 환자의 심장에 청진기를 대고 있다. 그는 진료소의 병원장인 '모하메드 마샬리'이다.

남루한 차림의 '닥터 마샬리'는 1967년 의학박사 학위를 취득했다. 가난으로 쉽지 않았던 의사의 꿈을 이루어낸 그는 의사로서 안정된 삶을 사는 대신 어렵고 힘든 환자들을 위해 평생 헌신하기로 마음 먹었다. 그가 이렇게 삶의 방향을 결정하게 된 사건이 있었다.

언젠가 닥터 마샬리가 치료하던 한 소년은 당뇨로 인해 인슐린이 절실했다. 그러나 소년의 가정은 지독하게 가난했고, 음식을 살 돈마저 부족했다. 결국, 소년은 해서는 안 될 일을 하고 말았다. 남은 가족들에게 부담을 주기 싫어 스스로 생을 마감하는 선택을 한 것이다. 뒤늦게 발견된 소년은 숨을 거두는 마지막 순간까지 닥터 마샬리의 팔에 안겨 있었고, 그는 그 자리에서 오열하고 말았다.

"그때 결심했습니다. 가난 때문에 치료를 못 받는 일은 절대 없게 하겠다고 말입니다. 평생 그들 곁에 있겠다고 굳게 다짐했습니다."

그는 그 길로 돈이 없어 치료를 못 받는 이들이 가장 많은 곳을 찾아 이곳까지 오게 되었다. 그리고 진료소 문을 연 지 벌써 50년째, 이 진료소는 특별하게 운영

된다. 진료 시간은 오전 9시부터 저녁 7시까지이며, 환자 1인당 검사비와 진료비를 합하면 우리 돈으로 720원이다. 그나마 진료비가 없는 환자들에게는 오히려 약값을 주고 있다.

돈을 벌지 못하는 병원의 의료 시설은 열악할 수밖에 없고, 하나같이 시간이 멈춰 있다. 최소한의 검사 장비 역시 꿈도 꾸지 못한다. 비록 청진기 하나와 오래된 의료용 현미경 정도가 의료 장비의 전부이지만, 닥터 마샬리의 의학 지식과 그의 성품 덕에 많은 환자가 찾아오고 있다.

그러던 어느 날, 그의 이야기를 들은 걸프만의 한 사업가가 마샬리에게 2만 달러를 기부하고, 그에게 차를 선물했다. 1년 후 그 후원자는 뜻밖의 사실을 알게 되었다. 기부한 금액은 전액 환자들에게 돈과 약품으로 지급되었고, 선물 받은 차량을 팔아 검사 분석 장비를 아낌없이 구입해 더 많은 환자를 진료하고 있었다. 사실 닥터 마샬리는 무료 진료를 하는 긴 세월 동안 많은 유혹이 있었다. 종합병원과 같은 큰 의료 시설을 지어 센터장을 맡아 달라는 투자자들의 의료 사업 제안이 숱

하게 들어왔다. 그러나 그는 단호히 거절했다. 그에게는 깊은 철학이 있었다.

"의료계가 상업적인 목적으로 운영되면, 넉넉지 못한 환자들은 갈 곳이 없습니다. 그리고 의사로서 사명감도 사라질 것입니다. 그것이 이 진료소에 내가 있어야 할 이유입니다."

그렇게 50년 동안, 이곳을 다녀간 환자들은 무려 수십만 명을 넘어섰다. 남루한 옷차림에 빵 한 조각의 검소함으로 어렵게 진료소를 운영했던 닥터 마샬리는 소박한 삶을 살면서도 의사로서 철학과 사명감을 지켰던 이집트의 수호천사였다. 그는 2020년 7월 30일, 76세 나이로 하늘의 별이 되었다. 조국 이집트는 그를 추모하며 영면을 기원했다. 닥터 모하메드 마샬리는 평생 삶의 철학으로 지녀왔던 말을 남겼다.

"의학은 돈 버는 직업이 아니라, 인도주의를 행하는 직업입니다."

"의사가 되기 전에 인간이 되어야 합니다."

* 가장 값진 생명과 가장 따뜻한 의사

어떤 생명은 밝고 따뜻한 환경 속에서 자라지만, 또 어떤 생명은 태어날 때부터 삶과 싸워야 하는 곳에 놓인다. 그러나 삶의 무게가 다르다고 해서 생명의 가치마저 달라져서는 안 된다.

한 생명을 마주하는 데 있어서 그것이 누구의 것이든 똑같이 귀하게 바라보는 마음, 그 마음을 가진 사람이야말로 진짜 의사이고, 진짜 사람일 것이다.

닥터 모하메드 마샬리는 '치료받지 못해 죽어가는 생명은 없어야 한다'라는 신념 하나로 평생을 살았다.

의사가 되기 전에 인간이어야 한다는 그의 말은 단순한 이상이 아니라, 실제로 살아낸 철학이었고 실천이었다. 그가 지켜온 신념은 의학 지식보다 사람을 먼저 바라봐야 한다는 의지로 가득 채워져 있었다.

삶은 결국 어떤 가치를 향해 나아가느냐에 따라 그

깊이가 달라진다. 닥터 마샬리는 생명을 단지 의학의 대상으로 보지 않았고, 한 존재의 고통을 자신의 일처럼 느꼈다. 그래서 그는 가난한 환자 앞에서 단 한 번도 고개를 돌리지 않았다.

우리 사회에는 수많은 전문가가 있지만, 진짜 전문가는 단지 기술을 갖춘 사람이 아니라 사람을 향한 책임감과 윤리를 가진 사람일 것이다. 특히 생명을 다루는 직업일수록 그 마음은 더욱 단단하고도 따뜻해야 한다.

닥터 마샬리는 세상을 떠났지만, 그가 살려낸 수많은 생명과 그 생명에게 건넨 진심은 아직도 사람들의 가슴 속에서 따뜻하게 살아 숨 쉬고 있다. 그리고 우리 역시, 한 생명을 귀하게 여기는 마음이 세상을 바꾼다는 것을 다시 한번 깨닫게 된다.

〈파인딩스타〉 영상 보기

2

절대
포기하지 않는
사람들

새벽 4시,

한 남자를 미행하던 경찰관이 그 앞에 멈춰 섰다.

"이 시간에 어디를 가는 겁니까?"

남자의 대답은 뜻밖이었다.

경찰은 다시 물었다.

"마지막 식사는 언제 했습니까?"

36km를 걸어서 직장에 간 청년

첫 출근이라서요, 7시간을 걸어왔습니다

새벽 3시, 어둠 속을 홀로 걸어가던 월터의 발걸음은 점점 느려지고 있었다. 지칠 대로 지친 다리는 점점 무거워지고 등에서는 굵은 땀이 흘러내렸지만, 그는 절대 멈추지 않았다. 월터에게 이 길은 단순히 36km가 아닌 생존과 가족을 위한 길이었다.

하루 전, 스무살 청년 월터는 한숨을 내쉬며 친구들에게 문자를 보냈다.

"차가 고장났어. 내일 아침 이삿짐센터에 첫 출근인데, 혹시 태워줄 사람 없을까?"

그러나 아무도 답을 하지 않았다. 아무것도 할 수

없다는 현실이 그를 더 숨 막히게 했다. 다음 날 아침이 밝자마자 고장 난 차를 수리하러 갔지만, 견적은 무려 2,000달러나 나왔다. 월터는 그 돈을 감당할 수 없었다. 가족을 부양해야 했고, 월세도 내야 하니 한 푼도 여유가 없는 상황이었다.

그렇다고 어렵게 얻은 일자리를 그냥 포기할 수는 없었다. 어머니와 함께 살고 있는 월터는 태풍 카트리나가 살던 집을 휩쓸었을 때부터 생존의 갈림길에 서 있었다. 그나마도 새로 구한 임대 주택에서 겨우 자리를 잡아가던 중이었다. 월터는 생활비와 월세를 마련하기 위해 이 이삿짐센터에서의 일을 간절히 원했고, 그는 결심했다.

"그냥 걸어가자."

그는 구글 지도를 켜서 경로를 검색했다. 이삿짐센터가 위치한 곳까지는 36km, 걸어서 7~8시간이 걸린다고 나와 있었다.

"괜찮아. 고등학교 때 크로스컨트리(들이나 언덕 등 야외를 달리는 경기)도 했잖아. 해낼 수 있어."

그렇게 스스로 북돋우며 월터는 일찍 잠을 청했

다. 자정이 될 무렵 월터는 침대에서 일어났다. 그는 짐을 간소하게 챙겼다. 지갑, 휴대전화, 야구공 그리고 길을 걷다 보면 들개나 야생 동물들과 마주칠지도 모르니 과도도 하나 넣었다. 밤길은 어둠으로 가득했고, 불빛은 멀기만 했다. 그러나 월터는 어렵게 잡은 직장을 포기할 수 없었다. 한밤중에 집을 나선 그는 천천히 앞으로 나아갔다.

얼마 지나지 않아 예상했던 대로 들개 무리가 나타나서 그를 둘러싸기 시작했다. 월터는 심장이 쿵쾅거렸지만, 본능적으로 야구공을 던졌다. 들개들은 그를 향해 으르렁댔고, 월터는 목숨을 걸고 달렸다. 어둠 속을 달리며, 절대 뒤를 돌아보지 않았다. 들개들이 시야에서 사라질 때까지 그저 뛰었다.

한참을 뛴 후, 겨우 들개들을 따돌렸다고 생각한 월터는 숨을 고르며 멈춰 섰다. 이마에 맺힌 식은땀을 닦으며 안도의 한숨을 내쉬었다. 하지만 아직 끝나지 않았다. 그는 계속 걸어야 했다. 그는 자신을 위로하며 이렇게 중얼거렸다.

"이건 산책이야. 이건 그냥 산책일 뿐이야."

새벽 4시, 월터는 차도를 따라 걷다가 은행 주차장을 발견하고는 그곳에서 잠시 쉬어갈 생각으로 주저앉았다. 새벽에 은행 주변을 어슬렁거리는 그의 행동이 수상해 보인 탓인지 경찰차 한 대가 그의 곁에 멈춰 섰다. 경찰관 마크는 의심스러운 눈으로 그를 쳐다보며 다가왔다.

"늦은 시간인데, 여기서 뭐 하고 있지요?"

월터는 당황스러웠지만, 솔직하게 털어놓았다.

"사실 제가 오늘 첫 출근인데, 차가 고장이 났어요. 하는 수 없이 걸어서 가는 중입니다."

처음에 그 말을 믿기 힘들어하던 경찰관은 그의 이야기를 듣고 나서야 상황이 이해가 되었다.

"마지막 식사는 언제 했어요?"

마크는 월터의 말에 안쓰러운 마음이 들었고, 잠시 생각하더니 경찰차에 타라고 권했다. 월터는 조심스럽게 거절했지만, 마크는 그런 월터를 경찰차에 태우고 근처 햄버거 가게로 데려갔다.

"죄송합니다. 어제 월세를 냈어요. 저한테 돈이 없는데……."

"여기서 뭐라도 먹어요. 출근해야 하잖아요."

마크는 월터에게 햄버거를 사 주었고, 햄버거를 먹으며 배를 채운 월터는 다시 걸을 준비를 하고 있었다. 경찰관 마크는 월터를 가까운 곳까지 데려다주었고, 동료 경찰관 스콧에게 그의 이야기를 전했다.

"이 친구가 얼마나 열심히 사는지 네가 봐야 해."

그 이야기에 감동한 스콧은 월터를 찾아가 남은 3km의 거리를 경찰차로 태워 주었다.

마침내, 이삿짐센터에 도착한 월터는 본격적으로 일을 하기 위해 준비했다. 그가 밤새 걸어왔다는 이야기를 들은 집주인 제니는 믿기지 않는다는 표정을 지었다.

"우리 집 이사를 위해 그 먼 길을 걸어왔단 말이에요?"

월터는 미소를 지으며 말했다.

"네, 이제 일을 시작해야지요."

며칠 뒤, 제니는 이 놀라운 청년의 사연을 SNS에 공유했고, 그 이야기는 순식간에 퍼져나갔다. 사람들은 월터의 열정과 성실함에 감동했다. 제니는 월터의 고장 난 차를 고쳐주기 위해 모금 활동을 시작했다. 2,000달러가 목표였지만, 모금액은 4만 달러를 훌쩍 넘겼다. 그리고 이삿짐센터의 대표 루크는 직원의 책임감과 성실함에 감동하여 그를 직접 찾아갔다.

"이 차는 우리 가족이 타던 차인데, 월터 네가 더 잘 사용할 것 같아. 이 차를 너에게 주고 싶어."

그렇게 그는 월터에게 포드 차량의 열쇠를 건넸다. 월터는 믿기지 않는 현실에 눈물을 흘리며 말했다.

"마치 꿈을 꾸는 것 같아요."

많은 사람의 관심과 격려에 감사하는 마음을 전하며, 그는 다짐했다.

"저는 제게 주어진 일을 포기하지 않았어요. 그리

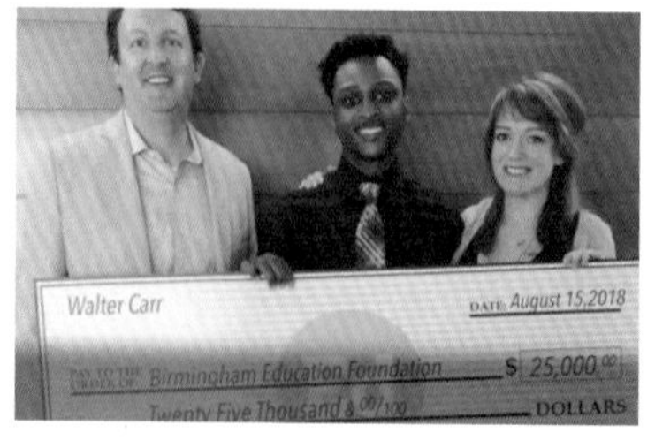

월터는 현재 버밍업 교육재단과 함께 불우한 학생들에게 나눔을 베풀고 있다

고 받은 사랑을 꼭 돌려줄 겁니다."

1년 뒤, 월터는 이삿짐센터 일을 병행하며 대학 학위를 받았다. 그는 자신이 받은 사랑과 도움을 잊지 않았다. 어려움에 처한 학생들을 돕기 위한 기금을 조성하고, 그들을 돕는 선한 영향력을 펼치고 있다.

"포기하지 않은 그의 삶보다 더 아름다운 것은 받은 사랑과 격려를 다시 베푸는 것이다."

* 포기하지 않는 작은 걸음이 만든 큰 기적

한 청년의 간절함은 많은 사람의 관심을 불러일으켰다. 그는 단지 자기 일을 위해 최선을 다했을 뿐이라고 말하지만, 그 모습을 지켜보는 사람들에게 삶에 대한 끈기와 열정 그리고 용기를 보여줬다. 생각했던 것보다 힘들어서, 자기가 원하는 방향이 달라서, 급여가 마음에 들지 않아서 등 여러 이유로 너무 쉽게 일을 그만두는 우리 사회 청년들과 비교해 보면, 이 청년이 가진 열정이 더 가치 있게 느껴진다.

때로는 너무 멀어 보여서 아예 출발조차 못 하는 길도 있다. 할 수 있을지 자신이 없어서 우리는 주저앉고, 포기하고, 마음으로부터 스스로를 합리화하기 바쁘다. 하지만 누군가는 그 길을, 아무 말 없이 무작정한 걸음부터 시작한다. 누구의 도움도, 보장도 없이 그저 '포기하지 않겠다'라는 마음 하나로 묵묵히 걷는다. 어떻게 보면 무모해 보이는 이런 행보에 세상은 처음부터 주목하지 않는다.

그러다가 문득 지치고 아픈 발걸음을 끝까지 멈추지 않는 사람들을 보면, 그들의 끈기와 노력에 마음이 움직이기 시작한다. 그 사람의 성공을 응원하게 되고, 뭔가를 돕고 싶어진다. 결국 무작정 시작한 작은 발걸음이 의지를 가지고 이어졌을 때 많은 사람의 마음을 움직이는 것이다.

기적은 그렇게 시작된다.

우리는 종종 거창한 일만이 누군가의 삶을 바꾼다고 믿지만, 사실 사람을 진심으로 감동시키는 일은 아무도 보지 않는 시간에 묵묵히 내딛는 발걸음이다.

끝까지 포기하지 않고, 누구도 탓하지 않으며 자신의 몫을 감당하려는 태도, 그런 노력이 결국은 길을 만들고 그 길 위에 또 다른 기적이 쌓인다.

세상이 지켜보는 것은 특별한 능력이 아니라 끝까지 나아가는 마음이다. 그리고 그런 마음은 언제나 누군가의 응원을 부른다.

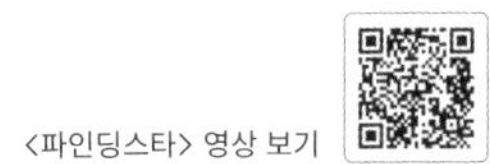

<파인딩스타> 영상 보기

제 인생을 포기하는 것은 어렵지 않습니다.
하지만 그러면 누가 아버지를 돌볼까요?

끝까지 희망을 놓지 않은 아들

전신마비 판정을 받았지만, 난 아빠를 지켜야 합니다

중국 청년 32세, 장샤오둥의 하루가 시작되었다. 침대에서 눈을 뜬 장샤오둥은 누워 있는 채로 침대 정리를 시작했다. 두 손으로 이불을 돌돌 말더니 옷걸이용 막대를 이용해 옷을 챙겨 입는다. 그리고 미끄러지듯이 휠체어에 앉았다. 실제로는 앉는다기보다는 누워 있는 것에 가깝다. 그 자세로 본격적인 집 안 청소가 시작된다.

10년 전, 장샤오둥은 경직성 척추염이라는 청천벽력 같은 진단을 받았다. 척추와 척추 사이의 인대에 염증이 생겨 움직임이 둔해지고, 심해지면 척추가 하나의 통뼈처럼 붙어 버리는 질환이다. 22세가 되던 해, 그의 몸은 점점 말을 듣지 않더니 결국 완전히 마비되고 말았다. 몸을 구부릴 수도, 움직일 수도 없는 거짓말 같은 삶이 현실이 되었다. 다행히 팔과 손은 여전히 그의 의지대로 움직일 수 있었다.

상상하기 어려울 정도로 힘든 일상 속에서 장샤오둥은 굳은 몸을 이끌고 팔과 손만으로 모든 생활을 꾸려가고 있었다. 수건을 물에 적셔 얼굴을 닦은 그는 깨끗한 물을 대야에 담고 휠체어를 밀며 옆방으로 이동했다. 침대에 누워 있는 한 사람이 보였다. 바로 장샤오둥의 아버지였다. 수건에 물을 적셔 아버지께 건넸고, 아버지는 한쪽 팔을 움직이며 애써 얼굴을 닦으셨다.

원래는 장샤오둥을 볼보는 일을 아버지가 담당했었다. 아들을 대신해 아버지는 모든 생활과 삶을 아들과 함께하며 최선을 다해 그를 돌보았다. 그렇게 10년을 견디며 버텨온 삶에, 또 한 번의 고비가 찾아왔다. 그의 수족이 되어 주던 아버지가 뇌졸중으로 쓰러진 것이다. 아버지의 상태는 장샤오둥보다 더 심각해 꼼짝없이 누워서 왼쪽 팔만 겨우 움직일 수 있었다. 장샤오둥은 이 모든 것이 자신의 책임이라고 생각했다. 하지만 운명을 원망한다고 해서 해결될 일은 없었다. 그는 아버지를 위해 새로운 삶의 목표를 정했다.

지금의 임시 숙소에 오기까지 삼촌과 이모가 두 사람을 돌봐주었지만, 더 이상 두 분께 피해를 끼치고 싶지 않았다. 장샤오둥은 정부에서 지원하는 간병비와 숙소를 지원받아 손수 장을 보고 음식을 만들었다. 아침에 눈을 뜨면 집 안 청소를 시작으로 음식을 만들고 아버지를 간병했다. 휠체어의 바퀴가 닳도록 쉴 새 없이 움직이며 묵묵히 가장의 역할을 해냈다.

사람들의 도움도 절실했던 장샤오둥은 자신의 일상을 가감 없이 SNS에 올렸다. 그는 검소하게 사는 법을 배우고, 신체적인 한계를 이겨내는 과정을 통해 한층 성장하고 싶었다. 그렇게 전해진 그의 눈물겨운 일상은 대륙뿐만 아니라 전 세계 사람들의 가슴을 울렸다.

'늘 불만이었던 제 삶이 부끄럽습니다.'

'자신을 이기는 것은 운명에서 승리한 것이라고 생각합니다.'

'아버지는 아들을 정말 훌륭하게 키웠습니다.'

삶에 큰 동기부여가 되어 준 장샤오둥의 행동에 누리꾼들의 찬사가 쏟아졌고, 자원봉사자들도 그의 임시 숙소를 찾아와 도움의 손길을 내밀었다. 현지의 한 외과의사가 그의 몸 상태를 확인하고 수술 가능성을 판단해보자는 제안까지 해주었다.

추운 겨울을 지난 어느 날, 장샤오둥은 삼촌의 어깨에 마네킹처럼 실려 차를 타고 먼 길을 이동했다. 도움의 손길을 내민 외과의사와의 수술 일정이 잡혔기 때문이다. 장샤오둥은 모든 운명을 맡긴 채 두 차례의 큰 수술을 받았다.

한편, 누리꾼들의 온정으로 장샤오둥 부자의 새로운 보금자리가 마련되었다. 공사가 거의 마무리되자 황량했던 집도 이제는 제법 모양새를 갖추게 되었다. 장샤오둥의 아버지 방에 의료용 침대가 들어오면서, 자원봉사자들의 도움으로 먼저 이사를 했다. 아버지는 이런 환경이 아직 믿기지 않는 듯 뒤척이며 뜬눈으로 밤을 새웠다.

그때 방문이 열리고 빈 휠체어가 보였다. 그리고 한 청년이 천천히 걸어 들어왔다. 놀라운 일이 일어났다. 낯익은 얼굴의 청년, 바로 장샤오둥이었다. 오랜만에 아들은 아버지께 식사를 건넸다. 눈앞에 서 있는 아들의 모습에 아버지는 눈물이 차올랐다. 두 차례의 큰 수술을 이겨내고 기적처럼 일어난 장샤오둥은 아버지를 위해 그리고 온정을 베풀어준 많은 사람을 위해 우뚝 일어섰고 당당히 첫걸음을 내디뎠다.

"제 삶의 유일한 목표는 아버지입니다. 아버지 곁에는 제가 늘 함께할 것입니다."

끝이 보이지 않던 현실의 무게를 이겨낸 그에게 새로운 인생이 시작된 순간이다.

두 발로 일어난 장샤오둥

"살아야 할 이유가 분명할 때, 한계에 도전하는 용기가 생긴다."

* 한계를 넘어서는 마음의 크기

세상살이가 힘들고 지칠 때, 왜 나에게만 이런 일이 생기는 건지 하늘에 따져 묻고 싶을 때가 있다. 몸이든 마음이든, 삶이 내게 허락한 조건이 너무 가혹하게 느껴지면, '이건 도저히 안 돼' 하고 천천히 포기를 배운다.

하지만 주위에는 항상 지금 나보다 더 가혹한 상황에서 열심히 살아가고 있는 사람들이 있다. 그 어떤 절망 앞에서도 물러서지 않는 이들이 있다. 자신에게 주어진 한계를 받아들이되, 그 안에 가만히 머무르지 않고, 조금씩 버티며 밀어낸다.

더욱이 삶을 포기할 수 없는 이유가 더해진다면, 사람은 상상할 수 없는 힘을 끌어올린다.

장샤오둥이 자신의 삶을 포기하는 일은 어렵지 않

았다고 했다. 하지만 그는 아버지를 지켜야 했고, 전신마비라는 상황 속에서도 최선을 다해 자신이 할 수 있는 일을 해냈다.

그렇게 사랑하는 사람을 위해 누군가는 울고, 누군가는 버티고, 누군가는 일어선다. 그 사랑이 무척 절실할 때, 인간은 한계를 넘어설 수 있다.

움직일 수 없던 몸을 이끌고, 세상을 향해 천천히 다가가던 그의 의지는 결국 또 다른 많은 이의 마음을 움직였다.

우리는 모두 크고 작은 제약 속에 살아간다. 그 제약을 핑계 삼아 멈출 수도 있고, 그 제약을 디딤돌 삼아 한 발 더 내디딜 수도 있다.

삶이 더 이상 내 편이 아니라고 느껴지는 날, 장샤오둥의 이야기를 기억해보자. 한계를 이겨낸 것은 그의 절실한 마음이었다. 그리고 그 마음은 누구에게나 있다. 끝까지 포기하지 않는 마음은 반드시 삶을 움직인다.

〈파인딩스타〉 영상 보기

이 땅의 모든 노숙자들이
회복된 일상으로, 가족의 품으로
돌아오길 바랍니다.

노숙자에게 찾아온 두 번째 기회

아빠와 함께 걸어가겠습니다

다이애나는 카메라를 들고 한 거리의 노숙자를 촬영하던 중 두 눈을 의심하지 않을 수 없었다. 프레임 속의 낯익은 얼굴을 알아본 순간, 만감이 교차했다. 그리고 그날의 일은 사랑과 용서의 시작점이 되었다.

하와이 제도에서 세 번째로 큰 섬 오아후 Oahu 에서 태어나고 자란 35세 '다이애나'는 사진작가이다. 그녀의 아버지는 다이애나가 어렸을 때 스튜디오를 운영했다. 그래서인지 다이애나도 자연스럽게 카메라를 잡게 되었고 성인이 되어 사진작가가 되었다. 그런 그녀에게는 아픈 과거가 있다.

다섯 살이 되던 해, 다이애나의 아버지는 딸에게 카메라 한 대를 덩그러니 건네주고는 집을 나가 버렸다. 그때의 기억이 아버지와 마지막 추억이었다. 아빠의 빈자리는 컸고 엄마의 고군분투에도 형편은 더욱 어려워져 그녀는 집 없는 신세가 되었다. 친척 집에 잠시 머물렀지만, 곧 친구 집을 전전하다가 심지어 공원 벤치에서 지내기도 했다. 그렇게 기억하고 싶지 않은 학창 시절을 보냈고, 아빠에 대한 원망과 미움은 나날이 커졌다.

그 후 10년이 지났다. 다이애나는 우울했던 어린 시절을 당당히 이겨내며 꿋꿋하게 성장했고, 현재 노숙자를 주제로 하는 다큐멘터리 사진작가로 활동 중이다.

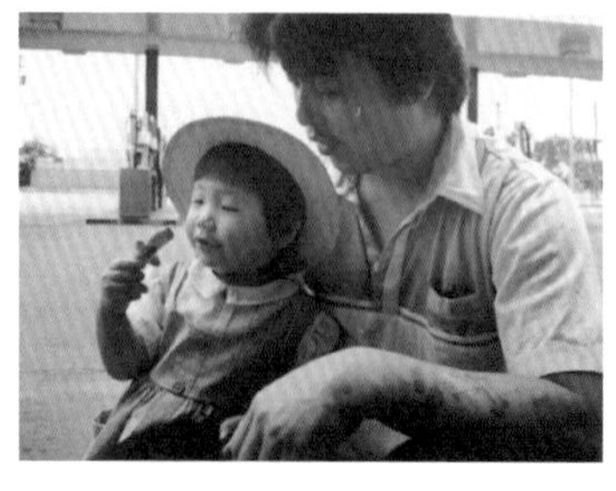

어린 시절의 다이애나와 함께한 아빠

그뿐만 아니라 노숙자의 어두운 삶을 카메라 앵글에 담아 그들이 사회에 돌아올 수 있게 돕고 지원하는 일을 하고 있다. 고단했던 그녀의 어린 시절의 기억이 지금의 일을 하게 이끌었다.

어느 날 한 시내에서 사진 촬영을 하던 다이애나는 앵글 속 한 노숙자의 얼굴이 무척 낯익다고 생각했다. 기억에서 그 모습이 지워지지 않아 다음날 그를 한 번 더 찾았다. 그녀는 마음속으로 그 노숙자가 아빠가 아니길 바랐지만, 영락없는 아빠의 모습이었다. 아빠를 생각하니 어린 시절에 힘들었던 순간이 떠오르며, 억눌렸던 분노가 폭발해 눈물이 마구 샘솟았다. 그러나 아무리 기억하고 싶지 않은 과거라도 그 시간을 돌이킬 수 없다는 것을 깨달았다.

흐르던 눈물이 마를 때쯤, 마음을 다잡고 아빠에게 다가갔다. 그러나 그녀의 도움을 거부하고 아빠는 피하기만 했다. 한눈에 봐도 아빠는 정상이 아니었다. 그렇게 여러 차례 다이애나는 마음을 열고 다가갔지만, 아빠는 혼자서 중얼거리며 스스로 말다툼하고 있었다. 심각한 정신 분열 증세가 느껴졌다.

아빠는 모든 것을 거부했다. 치료, 약, 음식, 새 옷 등 다이애나가 가져다준 모든 정성을 무시했다. 그녀는 그렇게 2년 동안 아빠를 지켜보며 곁에 머물렀다. 더 나아질 수 있을지 다이애나도 장담할 수 없었다.

그러던 어느 날, 병원 응급실에서 연락이 왔다. 심장마비로 아빠가 쓰러져 병원으로 급하게 오게 되었다고 했다. 주변인의 도움으로 아빠는 기적적으로 살 수 있었다. 이 일을 계기로 다이애나는 아빠를 집중적으로 치료하기로 마음먹었다. 병원에 1년간 입원시킨 후 건강검진과 함께 정신과 치료를 병행하기로 했다.

그러던 어느날 아빠에게서 '같이 밥 먹자'고 연락이 왔다. 깜짝 놀란 다이애나는 병원 근처 식당에서 아빠를 만났다. 아빠는 다이애나에게 이렇게 말했다.

"다이애나, 그동안 네 인생에 같이 못 있어 줘서 너무 미안하다. 널 돌보지도 못했는데 오히려 네가 아빠의 보호자 노릇을 하고 있구나."

아빠는 눈물을 글썽이며 말을 이어나갔다.

"다이애나, 네가 결혼해 가족이 있다는 사실이 난 무척 기쁘단다. 더 이상 아빠 걱정하지 말고, 그리고 많은 노숙자를 돕는 노력도 줄였으면 해.

이제는 너 자신과 네 가족의 행복을 더 고민하렴. 진심으로 아빠를 자랑스럽고 행복하게 만들고 싶다면 말이야."

다이애나는 가슴에 차오르는 먹먹함을 참을 수 없었다. 한동안 흐느끼며 아빠의 품에 얼굴을 기댔다.

"나는 자라면서 아버지의 존재를 느껴본 적이 없었고 아버지에게 받지 못한 것이 많지만, 우리는 지금부터 함께 걸어갈 것입니다."

다이애나는 아빠의 모든 것을 용서하기로 했다.

열심히 치료를 받던 아빠는 외모부터 깔끔해졌다. 퇴원하기 전날, 다이애나는 아버지에게 카메라를 건네며, 이제는 아버지도 취미가 필요할 것 같다고 말했다. 그것은 어릴 때 아버지에게 선물로 받은 카메라였다. 그녀는 아버지에 대한 그리움을 오롯이 카메라에 담고 지냈다. 이제는 그 카메라를 다시 아버지에게 건넨 것이다. 다이애나의 아빠는 병원에서 정기적인 치료를 받으며 함께 한국에 있는 고향에 방문할 예정이다.

> "모두에게는 각자의 이야기가 있습니다. 제 이야기가 여러분의 삶에 새로운 관점이 되기를 바랍니다. 우리의 오늘은 '두 번째 기회'를 잡을 수 있는 기회입니다. 당신이 포기하지 않는 한 실패는 없습니다. 아빠도 절대 포기하지 않았습니다.
> 그리고 저도 그를 포기하지 않았습니다."
>
> \- Diana Kim

갤러리에서 아버지와 함께한 다이애나
(by Diana Kim)

* 끝까지 포기할 수 없는 관계

살다 보면 누구나 넘어지는 순간이 있다. 인생은 늘 계획대로 흘러가지 않고, 때로는 우리가 전혀 예상하지 못한 방향으로 우리를 밀어낸다.

가족도 마찬가지이다. 우리를 가장 아끼고 사랑해 줘야 할 가족이 때로는 가장 큰 상처가 되기도 한다. 가족에게 받은 상처는 유난히 가슴을 파고들고, 그렇게 미움과 원망이 커진다. 하지만 그런데도 우리는 가족을 쉽게 포기하지 못한다. 사랑으로 품고 기다리는 시간이 때로는 힘들지만, 결국 가족이라는 이름 아래 다시 서로를 이해하게 된다.

가족의 존재는 때로 우리를 힘들게 하고, 삶의 무게를 더하기도 하지만 서로의 부족함을 감싸안고, 아픔을 치유하며 다시 일어서게 하는 힘 또한 가족에게 받는다. 세상의 어떤 관계보다 끊어지지 않는 인연이기에 우리는 끝까지 서로를 버리지 못하는 게 아닐까?

요즘은 나를 힘들게 하는 관계라면 친구이던, 연인이던, 가족이던 모두 단절하라고들 말한다. 물론 모든 삶의 초점은 현재 나의 행복에 맞춰야 하는 게 맞다. 또 어찌 보면 포기는 가장 빠르고 쉬운 선택일 수 있다. 하지만 아직 마음에 약간의 여유가 있다면, 살면서 중요한 관계에서는 조금 더 지켜보고 기다리며 포기를 조금만 미루자.

누군가를 포기하지 않고 끝까지 지키려는 마음도 용기가 있어야 한다. 넘어져도 다시 일어나서 함께 걸어가고자 하는 용기가 있다면 혹시라도 주어질 기회를 통해 우리는 더 단단해질 수 있다. 인생이 아무리 힘들어도 서로를 붙잡고 걸어갈 때, 그 길 끝에는 반드시 희망과 사랑이 기다리고 있을 것이다.

클라이브의 삶은 완전히 단절되었고,
연속성이 없었어요.
그것이 남편의 삶이에요

기억상실증에 걸린 천재 음악가

30초마다 기억이 사라집니다

영국의 천재 음악가 클라이브 웨어링과 그의 아내 데보라의 특별한 사랑 이야기를 들어보자.

클라이브는 자신이 어디에 사는지, 지금이 몇 년도인지, 심지어 몇 살인지도 모른다. 무려 20년간 이 상태로 살아왔다. 의학계에는 세계 최악의 기억상실증 사례 중 하나로 기록되어 있다. 하지만 뇌가 제대로 작동하지 않음에도, 클라이브는 여전히 따스한 마음과 아름다운 사랑을 이루고 있다.

'6시 17분, 이번에는 제대로 깨어났다.'

'6시 24분, 난 드디어 깨어났다.'

'6시 50분, 지금은 완전히 깨어 있다.'

'7시 16분, 난 처음으로 깨어났다.'

조금씩 다르지만, 반복되는 문장들, 영국의 천재 음악가였던 한 남자의 일기장에 쓰인 내용이다. 빼곡히 쌓인 이 문장들은 벌써 수백 페이지를 채우고 있었다. 그러나 이 많은 문장에서 그가 기억할 수 있는 문장은 하나도 없었다. 기억할 수 있는 시간은 30초가 한계였기 때문이다.

2005년 영국 레딩, 데보라는 보름 만에 남편이 있

부부가 된 클라이브와 데보라

는 요양원을 다시 찾았다. 20년 전 영국의 저명한 음악가였던 클라이브 웨어링과 결혼했던 그녀는 당시 지휘자였던 남편의 합창단원이었다. 클라이브는 한적한 요양원 의자에 앉아 아내 데보라를 기다리고 있다.

"누군지 모르겠어요. 20년 동안 난 아무도 본 적이 없어요."

당시 음악으로 하나가 된 이 부부에게 신혼은 불과 6개월뿐이었다. 어느 날 갑자기 극심한 두통을 느낀 클라이브는 머리를 쥔 채 쓰러지며 극심한 경련을 일으켰다. 병원으로 후송된 그는 병의 원인을 찾기 위해 수많은 검사를 진행했다. 그리고 '헤르페스 뇌염'이라는 진단을 받는데, 의료진은 바이러스가 입가에 포진하지 않고 뇌로 침투한 사실을 발견했다. 정말 불행하게도 바이러스는 해마를 손상시켜 기억상실증을 일으키고 말았다.

클라이브는 의학계에 전례가 없던 희귀한 증세였다. 과거의 기억을 잃어버리는 역행성과 그에 상반되는 순행성 기억상실증까지 동시에 진행되고 있었다. 오케스트라를 지휘한 기억이나 6개월 전에 데보라와 결혼한 기억도 사라졌으며, 또한 앞으로 새로운 기억을 생성할 기능까지 모두 상실되고 말았다.

그가 기억할 수 있는 시간은 30초를 넘지 못했다. 조금 전 상황을 기억하지 못한 채, 다음 30초 동안 새로운 시간을 맞이해야 했다. 더 잔인한 것은 자신이 기억을 상실했다는 것을 인지하는 뇌의 능력은 남아 있다는 것이었다. 오히려 그 기능은 그에게 깊은 좌절을 남겨 주었다. 그는 절망과 고통의 눈물을 참지 못했다. 무려 두 달이나 침대 밑에 웅크리고 앉아 끊임없이 울었다.

데보라는 "내가 할 수 있는 일은 그에게 사랑한다고 말하는 것 뿐이었요."라며 그와 함께 고통을 나누고 있었다. 그녀 역시 억장이 무너졌다. 클라이브의 상태는 점차 악화되었고, 결국 정신병동으로 옮겨져 7년을 머물게 되었다. 그 당시를 기록했던 클라이브의 일기장은 정말 소름이 돋는다.

'오전 8시 40분, 나는 처음으로 깨어났다.'

'오전 9시 10분, 이제 난 완전히 깨어났다.'

'오전 7시 47분, 이 병은 죽음과도 같다.'

'오전 9시 6분, 난 정말 깨어 있다.'

반복된 문장들로 가득한 일기장, 오직 마지막 문장만이 새로운 기억이 시작되는 시점이다. 그 문장도 30초가 지나면 기억을 하지 못한다. 밀려난 수많은 문장은 기억에서 사라진 채 숨막히게 쌓여갔다. 무려 수백 페이지에 이르는 자신이 쓴 글을 보며 클라이브는 이렇게 말했다.

"낮과 밤이 없고 꿈도 없습니다. 어느 한순간의 기억도 떠오르지 않습니다. 저는 죽은 것과 같습니다."

20년이 지난 지금 클라이브는 약물 치료를 중단하고 전문 요양원으로 옮겨졌다.

시설 의료진의 케어와 아내 데보라의 헌신으로 그동안 볼 수 없었던 안정과 미소를 일부 되찾았다. 무엇보다도 클라이브가 살아있음을 느낄 수 있었던 유일한 시간은 데보라가 남편을 방문했을 때였다. 결혼에 대한 기억이 없던 그가 데보라를 필사적으로 껴안고 키스하며 과감한 애정 표현을 보여줬다. 그리고 데보라가 곁에 없을 때는 자동 응답기에 반복된 음성을 남겼다.

"오랜만이에요. 빨리 좀 오세요."

"날 보러 빛의 속도로 와 주세요."

클라이브는 기억 창고인 해마가 손상되었어도 마치 데보라는 알아보는 것만 같았다. 설명할 수 없는 또 하나의 반응은 바로 피아노였다. 악보를 보면 반사적으로 튕겨 나오는 기계적인 반응이 아니었다. 그의 선율은 자신만의 스타일과 감정을 싣고 있었다. 존 레넌과 케네디 대통령도 들어본 적 없으며, 진보된 하이브리드 차량에 대한 설명에 깜짝 놀라던 그가 '기억난다'라는 말을 처음 한 것은 바로 바흐의 E장조 〈Prelude 9〉이었다.

데보라와 함께 음악을 공유했던 감정의 순간이 손상된 해마가 아닌 뇌의 다른 영역에 깊이 새겨져 있었음

요양원 피아노 앞에 앉아 있는 클라이브, 그는 본능적으로 피아노 연주를 기억하고 있었다

을 짐작할 수 있었다.

사실 데보라는 남편 곁을 끝까지 지킬 생각이었다. 그러나 아이를 갖고 평범한 가정을 꿈꿨던 그녀는 8년간의 간병을 끝으로 뉴욕행 비행기에 올랐다. 회복될 수 없는 삶과 짓누르는 현실의 무게를 안고 살아가기 힘들었기 때문이다. 그녀는 많은 고통이 세겨진 영국에서 살 용기가 없었다. 뉴욕으로 간 그녀는 남편에 대한 회고록을 쓰기 시작했다.

"클라이브의 삶은 완전히 단절되었고, 연속성이 없었어요. 그것이 남편의 삶이에요."

데보라는 이때의 심정을 '끝없는 고통'이라고 표현했다. 그녀는 새롭게 평범한 가족을 꾸미고 싶었지만,

클라이브 아내 데보라가 출간한 회고록 《FOREVER TODAY》

이미 누군가를 사랑하고 있는데 그럴 수는 없었다. 결국 사랑보다 더 값진 것은 없음을 알게 되었고, 그녀는 다시 영국으로 돌아왔다.

여전히 클라이브는 변하지 않은 사랑을 보여줬다. 모든 것을 빼앗겼어도 데보라를 향한 사랑은 놓치지 않았다.

그렇게 20년이 지났다. 연속성이 없는 삶, 매번 새롭게 시작하는 클라이브의 30초 삶은 변할 수 없다. 그러나 신기하게도 그는 아내 데보라를 믿고 있다. 남편 클라이브의 기억을 결정하는 천억 개 뉴런 중 하나는 그들의 사랑을 간직한다. 2024년 현재, 40년이 지난 오늘까지 이들 부부의 사랑은 현재진행형이다.

* 기억의 문 너머에 있는 사랑의 풍경

삶은 크고 작은 기억들로 채워진다. 이 기억들은 마치 퍼즐 조각처럼 우리의 정체성을 만들어간다. 어린 시절 첫 자전거를 타던 순간, 첫 실패의 쓴맛, 진심으로 좋아했던 사람과의 추억, 어려움을 극복했던 힘든 시간이 모인 경험이 지금의 '나'를 만든다. 기억은 단순한 과거의 흔적이 아니다. 그것은 우리의 성격을 형성하고, 세상을 바라보는 관점을 만들며, 앞으로 나아갈 방향을 결정하는 나침반 역할을 한다.

그런데 만약 그런 기억이 단 30초밖에 유지되지 않는다면 어떨까?

그건 방금 나눈 대화, 창밖 풍경, 손에 쥔 책의 제목조차 금세 지워지는 삶이다. 아침에 눈을 떠 사랑하는 사람의 얼굴을 보고도 잠깐 한눈을 판 사이 잊어버리고 다시 낯선 사람처럼 바라봐야 한다면, 그것은 단순한 망각이 아니라 삶을 완전히 잃는 일인지도 모른다.

만약 '나'를 기억으로 규정한다면, 기억이 없는 나는 과연 누구일까? 그러나 그 무너지는 기억의 잔해 속에서도 기어이 남아 있는 무언가가 있다. 이름도, 시간도, 장소도 모두 지워진 순간에도 어떤 얼굴 앞에서 눈동자가 반응하고, 어떤 손길 앞에서 몸이 긴장을 푸는 그 본능 같은 감정이 바로 사랑이다. 이 글의 주인공처럼 기억은 흐려져도 사랑은 남는다.

사랑은 설명하거나 증명해야 하는 것이 아니라 그저 느껴지는 것이라 그렇다. 누군가를 기억하는 것이 아니라, 누군가를 느낄 수 있다면 설령 기억이 지워져도 그 사람에 대한 마음이 가슴 어딘가에서 조용히 남아 있을 수 있다. 이처럼 기억은 흐르지만, 사랑은 흔적을 남긴다.

〈파인딩스타〉 영상 보기

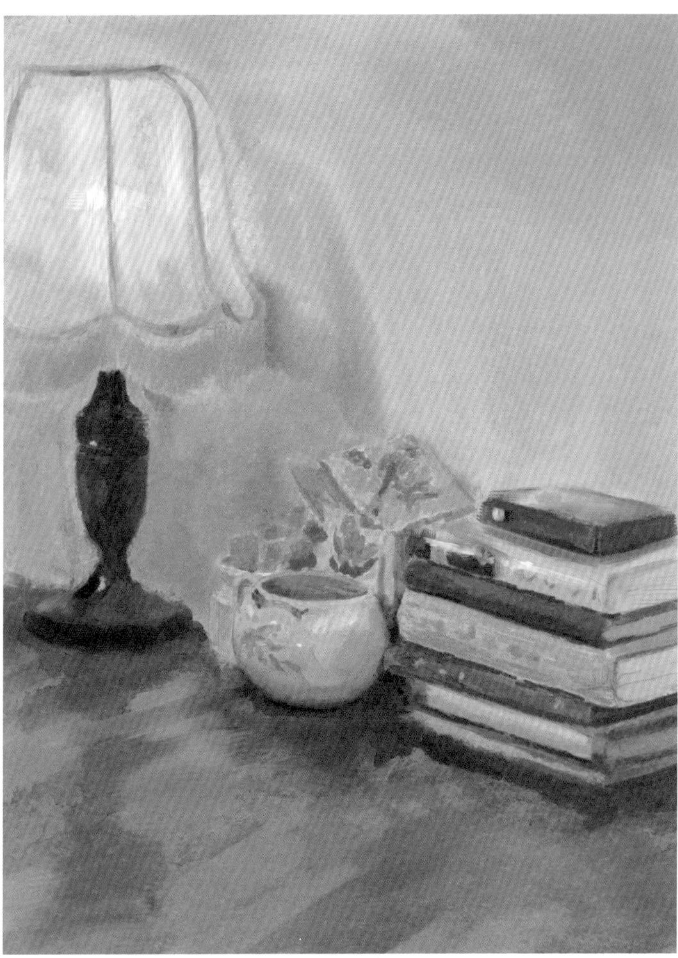

두 살 아들의 생명이 위급하다.

희귀한 유전 질환을 앓고 있지만, 치료약이 없다.

아빠는 그냥 손 놓고 있을 수 없었다.

아들을 살리기 위해 스스로 약을 만든 아빠

약이 없다면, 내가 직접 만들겠습니다

아들은 태어난 지 두 살밖에 되지 않았지만, 희귀 질환을 앓고 있다는 진단을 받았다. 아버지 쉬 웨이는 머릿속이 새하얘졌다. 아들 하오양은 멘케스증후군을 앓고 있었고, 의사들은 이 병으로 인해 아들이 세 살 이상 살지 못할 것이라고 말했다. 이 희귀병은 구리 대사 장애로 인해 발생하는 질환으로, 머리카락은 윤기가 없이 뒤틀렸으며, 신경계가 점점 망가져 결국은 발육이 멈춘다는 치명적인 증상이 뒤따랐다. 고통스러운 현실 앞에서 아버지는 한숨을 내쉬며 머리를 감싸 쥐었다.

처음 병명을 들었을 때 그는 무슨 뜻인지조차 몰랐다. 그저 눈앞이 캄캄할 뿐이었다. '어떻게 해야 아들을 살릴 수 있을까?' 머릿속을 가득 채운 질문이 반복될수록 마음속 절망은 깊어져만 갔다. 의사들은 구리 성분이 들어간 치료법이 그나마 생명을 연장하는 데 도움이 될 수 있다고 했지만, 문제는 중국 내에는 그 주사제가 없다는 것이었다.

쉬 웨이는 국경을 넘어 해외에서 주사제를 찾기 위해 발버둥을 쳤다. 인터넷을 뒤지고, 해외 제약사에 직접 연락했지만, 코로나 팬데믹 상황은 그의 노력마저 좌절시켰다. 심지어 멘케스증후군은 인구 10만 명 중 한 명꼴로 나타나는 희귀병이어서 제약사들조차 이 병에 관심을 두지 않고 있었다. 시장성이 없다는 이유로 약을 만들 시도조차 하지 않은 것이다.

모든 상황이 절망적이었다. 시간은 흐르고 있었지만, 쉬 웨이에게 주어진 시간은 너무나도 짧았다. 아무것도 할 수 없는 상황에서 그는 스스로에게 물었다.

"정말 아무것도 할 수 없는 걸까? 이렇게 앉아서 아들의 마지막을 지켜볼 수밖에 없는 걸까?"

그는 마음속에 결심이 섰다. 직접 주사제를 만들어보기로 했다. 의학적인 지식은 전혀 없었지만, 아들을 살리기 위해서는 무엇이든 해야 했다. 모든 사람이 그의 결정을 말렸다. “네가 그걸 어떻게 할 수 있겠어? 무모한 짓이야!” 하지만 그는 단호했다.

“아들이 나를 기다리고 있어요. 누군가가 해야 한다면, 그건 바로 나예요.”

그는 아버지가 운영하던 작은 체육관을 실험실로 개조하기 시작했다. 부족한 돈으로 필요한 장비를 구입하고, 자료를 찾아보기 시작했다. 그는 대학 교육을 받지 못했고, 의학에 대해서는 아는 게 거의 없었다. 그저 웹사이트를 찾아보고, 구리 히스타딘 주사에 관한 논문 600여 편을 번역기를 이용해 하나하나 읽어나갔다. 그 과정은 쉽지 않았다. 논문 속에는 복잡한 용어들이 가득했고, 실험에 대한 경험이 없는 그에게는 거의 모든 과정이 미지의 세계 같았다. 하지만 그는 멈추지 않았다.

"논문을 읽는 건 쉽지 않았지만, 아들을 살려야 한다는 생각 하나로 버텼습니다. 아들은 움직일 수 없고 말도 하지 못하지만, 영혼이 있고 감정을 느끼고 있습니다."

쉬 웨이는 밤낮을 가리지 않고 연구에 몰두했다. 혼자서 실험을 준비하고 수많은 실패를 겪었지만, 그는 계속해서 도전했다.

결국, 약 6개월이 지난 후 그는 구리 히스타딘 주사 성분을 직접 제조하는 데 성공했다. 그가 첫 번째로 주사를 놓은 대상은 토끼였다. 토끼에게 투여한 후 구리 수치가 정상으로 돌아오자, 그는 자기 몸에 직접 주사를 놓았다. 위험한 선택이었지만, 쉬 웨이는 안전성을 확인한 후에야 아들에게 주사를 놓겠다고 결심했다.

그는 거기서 멈추지 않았다. 자기 몸에 여러 차례 주사를 투여하며 반응을 지켜봤다. 어느 정도 확신이 생겼을 때, 그는 아들 하오양에게 주사를 놓기 시작했다. 아주 조금씩, 서서히 투여량을 늘려갔다. 그 과정은 극도로 조심스러웠다. 아들이 그나마 정상적인 구리 수치를 회복할 수 있을지 확신할 수 없었기 때문이다.

그리고 2주가 지났을 때, 하오양의 몸은 눈에 띄게 나아지기 시작했다. 혈청 구리 농도는 정상 수치에 가까워졌고, 병세도 급격히 호전되었다. 그는 믿을 수 없었다.

"정말로 내가 해낸 건가?"

이 기적 같은 결과는 쉬 웨이에게 큰 감동을 주었다. 그토록 고통스럽게 느껴졌던 시간이 보람으로 바뀌는 순간이었다.

이 놀라운 이야기는 곧바로 국제 생명공학 연구소 '벡터 빌더'의 관심을 받았다. 연구소의 수석 연구소장은 쉬 웨이의 연구에 감탄하며, 멘케스증후군 치료를 위한 임상 시험을 함께 진행하기로 했다. 그는 자신의 연구가 이제 다른 이들의 생명을 구할 수 있을지도 모른다는 생각에 가슴이 벅찼다. 그러나 쉬 웨이는 여전히 객관적으로 상황을 바라봤다.

"이 주사가 하오양을 완전히 회복시킬 수는 없을 거예요. 단지 시간을 조금 더 벌 수 있을 뿐이지요."

그는 아들이 고통스러운 시간을 조금이라도 덜 겪을 수 있다면, 그것만으로도 충분하다고 생각했다.

"이제 시작일 뿐이에요. 저는 더 배워야 해요."

쉬 웨이는 아들을 위해 분자생물학을 공부하기로 마음먹었다. 그 과정은 여전히 험난하고, 때로는 또 다른 절망의 순간들이 닥칠지도 모른다. 하지만 그는 절대 포기하지 않을 것이다.

"그냥 앉아서 아들의 마지막을 기다리고 싶지 않습니다. 실패하더라도, 제가 할 수 있는 모든 것을 해볼 겁니다. 그리고 언젠가 다시 기적이 찾아올 거라고 믿습니다."

☆ 무력한 사랑은 없다

삶이 마치 짙은 안개 속에서 헤매듯 방향을 잃고 멈춰 설 때가 있다. 쉼 없이 돌아가는 일상에서 문득 마주하는 절망은 우리가 얼마나 무력한 존재인지 잔인하게 일깨워준다.

왜 하필 나에게 이런 일이 생겼는지 세상도 신도 원

망스러워 아무 일도 손에 잡히지 않을 때가 있다. 하지만 사랑하는 이의 고통을 지켜보고 있어야 하는 무력함은 죄책감으로 다가오기 마련이다. 더욱이 그 대상이 자신이 책임지고 돌봐야 할 피붙이라면 아무것도 할 수 없는 현실은 숨 막히는 고통이 된다.

그런 절망 속에서 현실의 무력감을 극복하고 희망의 불씨를 피워낸 한 아버지의 이야기는 우리에게 깊은 울림을 준다. 그는 의학 전문가도 아니었고 대단한 부자도 아니었다. 오직 사랑이라는 이름 아래 불가능을 가능으로 만들었다. 포기하지 않는 아버지의 사랑은 결국 기적을 만들어낸다. 완벽한 결과를 얻지 못하더라도, 진심을 다한 사랑은 반드시 누군가의 삶을 지탱하는 힘이 된다.

매일 크고 작은 일들 앞에서 흔들리는 삶이지만, 우리는 가족이 있어 더 뜨겁고 악착같이 살아간다. 누구에게도 말하지 못하고, 자신도 가늠하기 힘든 묵직한 감정이 소중한 누군가를 지켜야 할 때 드러나기 때문이다.

절망 속에서 피어난 희망은 언제나 뜨거운 사랑의

온기를 품고 있으며, 세상 곳곳에서 지금 이 순간에도 기적을 향해 나아가고 있다. 비록 지금은 그 길이 보이지 않을지라도, 희망은 반드시 빛을 발할 것이다.

우리의 사랑은 결코 무력하지 않다. 사랑은 세상을 변화시킬 수 있는 가장 강력한 힘이다.

<파인딩스타> 영상 보기

그때였다. 눈 속에 묻혀 있는 산악인의 외투가 보였다.
그리고 배낭에 꽂혀 있는 국기가
강풍에 펄럭거리고 있었다.

꿈을 포기한 산악인

내 꿈도 중요했지만 생명을 포기할 수는 없었습니다

영하 58도의 한파가 예리한 칼날처럼 피부를 파고들었지만, 한 등반가의 가슴은 벅차오르고 있었다. 에베레스트 정상이 불과 300m 앞에 보였기 때문이다. 평생 이 순간만을 기다렸다. 그것은 개인의 꿈을 넘어 조국의 영광이기도 했다. 그러나 뜻밖에도 에베레스트는 그에게 가혹한 선택을 하게 만들었다.

이스라엘 최고층 빌딩인 235m 높이의 68층 모세 아비브 타워의 계단은 무려 19,721개이다. 이 계단을 13회 연속으로 오르내리며 런업 부문 기록을 경신한 24

세 이스라엘 청년 '벤 예후다'의 목표는 단 하나, 에베레스트 정복이었다. 그는 꿈을 위해서 3년간 특수부대에서 복무했고, 암벽과 빙벽 등 극한의 훈련을 거듭했다. 그렇게 5년 간의 준비를 마치고 드디어 꿈을 향해 도전했다.

2012년 5월, 에베레스트 베이스캠프에는 같은 꿈을 꾸고 있는 전 세계 등정가 200여 명이 모였다. 마침내 세계 최고봉에 오를 수 있는 기회를 얻게 된 벤 예후다는 떨리는 마음을 주체할 수 없었다.

에베레스트 정상 일대는 날씨 변동이 극심하기로 유명하다. 첫 등정 후 70년이 지난 지금도 등정 관련 사망자는 줄지 않고 있다. 2023년 5월까지만 해도 전 세계의 원정 산악인 17명이 등반 중에 숨진 것으로 집계되었다. 등정가들에게 이곳의 날씨는 생명과 직결된다. 이런 이유로 벤 예후다 역시 이곳 베이스캠프에서 대기하며 정상 정복을 위한 최상의 날씨를 기다리고 있었다.

유례없이 많은 등정 인원이 모였던 2012년은 이스라엘과 튀르키예의 팔레스타인 분쟁으로 양국의 관계가 극도로 악화된 시기였다. 벤 예후다는 이곳 캠프에서 한 튀르키예인을 알게 되었다. 그는 46세의 '에이든 이르마크'였다.

튀르키예의 15번째 에베레스트 정복인에 도전하는 이르마크와 이스라엘 최연소 정복을 꿈 꾸는 벤 예후다는 국경을 초월해 서로의 목표를 존중해 주는 산악인으로서 캠프 생활을 함께하며 돈독한 사이가 되었다.

드디어 에베레스트의 날씨가 화창해졌다. 목숨을 건 등반이 시작되었다는 얘기다. 정상의 날씨가 변덕을

에베레스트 등반 전 베이스캠프에서 만난 두 사람(왼쪽 에이든 이르마크, 오른쪽 벤 야후다)
(출처 : 그레이슨 샤퍼)

부리기 전에 전 세계 등정가들은 서둘러 출발했다. 벤 예후다는 후발대로 출발하기로 했다. 혹시 모를 위험을 피하기 위해서였다. 한꺼번에 사람이 몰릴 경우, 험난하고 좁은 코스를 만나게 되면 길이 정체될 수밖에 없다. 기다리는 동안 산소가 떨어지고 체력이 바닥나면 생명까지 위험해지기 때문에 신중해야 한다.

그렇게 후발대로 출발한 벤 예후다가 등반한 지 3시간 정도가 지났다. 갑자기 먼 곳에서 '우드득' 하고 얼음이 부딪히는 듯한 거대한 굉음이 들렸다. 이어서 산사태가 발생하고 설상가상 악천후까지 시작되었다. 그는 마음이 급해졌다. 이미 등반한 지 상당한 시간이 지났기 때문에 셰르파와 떨어져 혼자서 선두로 나아가기로 계획을 바꿨다. 그동안 혹독하게 경험했던 훈련의 효과가 나타나길 절실히 기도하며 악천후에도 속도를 올리며 정상을 향했다.

그는 가는 동안 참혹한 상황을 목격했다. 이미 예측한 대로 몇 시간 전에 진행된 산사태로 인해 앞서 등정한 산악인들이 사고를 당했고, 곳곳에 동사한 시신들이 보였다. 그러나 달리 손을 쓸 수가 없었다. 사망이 확인된 시신들을 옮기는 것 역시 구조자의 목숨을 걸어야 가능한 일이다. 시신을 지나쳐야 하는 것은 에베레스트 등반가들의 불문율이기도 했다. 벤 야후다는 어쩔 수 없이 시신들을 뒤로 하고 악천후와 싸우며 정상을 향해 무거운 발걸음을 옮기고 있었다. 숨이 턱 밑까지 차오를 때쯤 고개를 들었다. 드디어 300m 앞에 정상이 보였다. 그는 그토록 바라던 꿈을 목전에 두고 가슴이 벅차올랐다.

그때였다. 눈 속에 묻혀 있는 산악인의 외투가 보였다. 그리고 배낭에 꽂혀 있는 국기가 강풍에 펄럭거리고 있었다. 가까이 다가가자 튀르키예 국기임을 알아볼 수 있었다. 산소마스크도 없이 누워 있는 얼굴을 확인해 보았더니 베이스캠프에서 만난 이르마크였다. 가슴이 철렁 내려앉은 그는 절망적으로 그의 몸을 흔들어대며 이름을 불러보았다. 그러자 기적적으로 이르마크는 외마디의 신음을 내고는 곧바로 의식을 잃었다. 그는 아직 살아있었다.

그토록 피하고 싶었던 가혹한 선택의 시간이 찾아왔다. 정상을 300m 남겨 두고 벤 야후다는 만감이 교차했다. '얼른 정상을 정복하고 내려와서 그를 구조하자' 라고 스스로 다짐하며 앞으로 나가려 했지만 도저히 발길이 떨어지질 않았다. 선택은 단 두 가지였다.

정상을 선택하는 순간 이르마크는 목숨을 잃을 것이고, 그를 데리고 여기서 하산한다면 자신의 꿈을 포기해야 하는 동시에 둘 다 목숨을 잃을 수 있는 위험에 처한다. 벤 야후다는 이 가혹한 선택의 상황에 분노하지 않을 수 없었다. 그는 쩌렁쩌렁하게 소리쳤다.

"이르마크! 정신 차려요! 이르마크! 당신은 나를 죽이고 있다고요!"

벤 야후다는 오른쪽 장갑 한 짝을 먼저 벗었다. 둔탁한 방한 장갑을 끼고는 이르마크를 하네스에 묶을 수 없기 때문이었다. 둘이 한 몸이 되도록 안전하고 촘촘하게 묶었을 때쯤 오른손이 마비되는 것이 느껴졌다. 그때부터 목숨을 건 구조, 즉 사투가 시작되었다.

'둘 다 죽을 수도 있다.'

경우의 수를 생각할 틈도 없었다. 몸무게 90kg의

거대한 이르마크'를 끌고 내려가다가 가파른 곳을 만나면 어깨에 짊어지며 이동하기를 수십 번, 그렇게 죽을 고비를 넘기며 산을 내려오기 시작했다.

9시간이 지났다. 교대로 호흡했던 산소통이 깨져 호흡이 곤란해졌을 때, 벤 야후다는 결국 쓰러지고 말았다. 그는 캠프 주변에서 이르마크와 한 몸으로 눈밭에 쓰러진 채 발견되었다. 인간의 한계를 넘어선 강인한 정신력이었다. 그들은 기적적으로 캠프 주변 산악인들에 발견되어 즉시 헬기로 이송되었다.

다행히도 모두 무사했다. 벤 야후다의 손과 발은 동상에 걸려 상당한 회복 시간이 필요했다. 지금도 그 후유증은 영광의 상처로 남았지만 말이다.

국기를 들고 있는 벤 야후다와 이르마크

죽을 고비를 넘기고 새롭게 태어난 이르마크는 이렇게 말했다.

"그가 없었다면 저는 이곳에 없었습니다. 이건 기적입니다."

또한 벤 야후다는 이렇게 말했다.

"우리 두 나라의 정상들은 비록 만나지 못했지만, 저는 형제를 얻었습니다."

튀르키예와 이스라엘 국민은 생명을 구하는 용기와 이타성에 그를 진정한 영웅이라 찬사했다. 이를 계기로 두 나라 사람들에게 깊은 공감과 연민을 일으켜 고위급 회담이 개최되었고, 경제 협력을 재개하는 결실까지 맺게 되었다.

벤 야후다는 동상 후유증에도 도전을 멈추지 않았다. 이스라엘 최초로 안나푸르나 정상에 섰고 8,000m 고도를 가장 많이 정복한 산악인이 되었다.

한 개인의 희생과 용기는 국민과 국가가 모두 변화하는 중요한 계기가 되었으며, 앞으로의 관계에 무한한 가능성을 보여주었다.

"비록 자신의 꿈은 포기했지만,
그는 세상을 구했다.
그것은 더욱 원대한 꿈이었다."

* 꿈을 좇는 끈기도 옆을 보며 나아가자

세상은 우리에게 끊임없이 목표를 향해 나아가라고 말한다. 성공을 위해 포기하지 말고, 끝까지 밀어붙여야 한다고 말이다. 그러나 인생의 어느 순간, 목표를 향해 나아가는 것보다 더 중요한 가치를 선택해야 하는 순간이 찾아온다.

목표를 포기하는 것은 누구에게나 두려운 일이다. 특히 그 목표만을 위해 살아온 사람에게는 더욱 그럴 것이다. 그동안 흘린 땀과 시간, 그리고 꿈에 대한 애착이 숨을 쉬게 한다고 느끼며 살아온 사람에게는 말이다. 자신의 삶을 지탱하는 꿈을 포기하며 다른 선택을 하는 일은 진정한 용기가 없으면 힘들다. 더욱이 그 선택이 목숨을 걸고 누군가의 생명을 구해야 하는 일이라면 더욱 그럴 것이다. 아마 벤 야후다가 이르마크를 구하겠다고 결심한 순간, 그는 인생에서 진정으로 중요하게 생각하는 목표가 바뀌었을 것이다. 수년을 준비해 오른 산을 정복하는 것이 아닌, 둘 다 무사히 살아서 돌아가는 것으로 말이다. 진정한 용기는 목표를 내려놓고 새로운 길을 선택하는 데 있다.

끈기와 용기는 사람을 강하게 만든다. 하지만 옆을 보지 않고 앞만 보고 달리는 끈기는 때로는 더 큰 불행을 부를 수 있다. 벤 야후다가 자신의 꿈을 위해 이르마크를 두고 에베레스트 정상을 정복했다면, 그는 진정 행복했을까? 끈기는 목표를 이루기 위해 무조건 앞만 보고 달리는 것이 아닌, 때로는 물러나고 새로운 길을 모색할 줄 아는 유연함에서 비롯되는 것 같다. 아무리 대단한 목표라도, 사람의 생명보다 우선할 수는 없다. 때로는 꿈을 포기해야 하는 순간이 오고, 그 결단으로 누군가의 생명을 지킬 수 있다면, 그것은 결코 실패가 아니다.

<파인딩스타> 영상 보기

"난 죽고 싶지 않았어요. 살기 위해 계속 싸웠어요."
거대한 인공호흡기인 철제 폐에
의지한 채 숨을 쉬고 있는 한 남자가 있다.
"고통스럽고 힘들었지만,
절대 생을 포기하지 않았습니다."

아이언 폐를 가진 남자

난 절대 삶을 포기하지 않습니다

1952년 7월 미국 텍사스주 달라스, 당시 여섯 살 소년인 폴 알렉산더는 동네에서 놀다가 급하게 집으로 들어왔다. 열이 심하고 목이 너무 아파서였다.

"맙소사, 안 돼!"

엄마는 아들을 보고 놀라서 소리쳤다. 폴이 소아마비에 걸린 것을 알았기 때문이다. 당시 미국 전역은 6만 건이 넘게 소아마비가 발병된 최악의 해였다. 일부 도시에서는 영화관, 수영장, 술집 등 인기 있는 모임 장소를 폐쇄하기도 했다. 소아마비 바이러스는 주로 오염된 변이나 기침의 비말을 통해 전염되었다.

독감과 유사한 증세였지만, 주로 어린이들의 척수나 뇌를 침범하여 마비를 일으키고 사망까지 이르게 했다. 당시 폴의 경우는 몸살과 고열 증세가 시작되더니 얼마 후 불행히도 혼자서 걷거나 음식을 삼키지도 못하고 심지어 숨을 쉬는 능력까지 모두 잃게 되었다. 당시 의사들은 상태가 위중한 소아마비 환자에게 기관 절개술을 한 다음 밀폐된 탱크인 인공 철제 폐에 환자를 넣어 치료하게 했다.

폴 역시 철제 폐에 들어가 집중 치료를 하기 시작했다. 그러나 입원한 지 18개월이 지난 후에는 오히려 하반신이 거의 마비되었고, 철제 폐 밖에서는 숨을 쉴 수 없는 지경이 되었다.

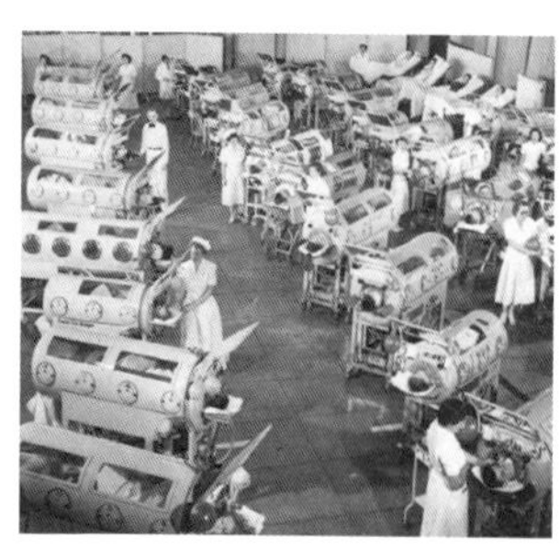

미국 전역을 마비시킨 질병인 소아마비 응급 병동의 50년대 모습

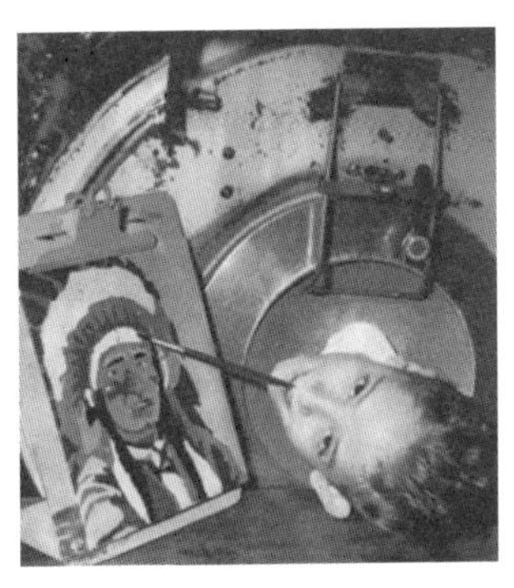

1950년대 철제 폐 속에서도 입으로
그림을 그렸던 소년 폴 알렉산더

의사는 폴이 더는 회복할 수 없다고 판단했다. 폴의 부모에게 마음의 준비를 해야 한다며 인공호흡기인 철제 폐와 함께 폴을 집으로 돌려보냈다.

집으로 돌아온 후 폴은 항상 위험에 노출된 생활을 했다. 만약 정전이라도 된다면, 상상하기 끔찍한 일이 벌어질 정도로 폴의 처지는 늘 삶과 죽음의 경계에 있었다.

그렇게 68년이 지났다. 2021년, 소아마비 소년 폴은 아직도 철제 폐 안에서 숨쉬고 있다.

"안녕하세요, 저는 폴 알렉산더입니다. 흔히 사람

들은 저를 '아이언 폐'라고 부릅니다."

달라스에 거주했던 소년 폴은 어느덧 74세의 노인이 되었다. 그동안 업그레이된 인공호흡기가 발명되었지만 폴은 이 거대한 철제 폐를 고수하며 68년을 수족처럼 한 몸이 된 채 이 기계를 사용하고 있었다. 그리고 그는 인생의 두 번째 바이러스 위험에 직면에 있었다. 어린 시절에 앓기 시작했던 소아마비 바이러스 그리고 노인이 된 후에는 코로나 바이러스까지, 치명적인 바이러스를 두 번이나 겪고 있는 셈이다.

비록 지금은 모든 기력이 떨어져 인공호흡 장치인 철제 폐에 완전히 갇혀 있게 되었지만, 소년 시절 폴은 인공호흡 장치인 철제 폐와 분리되어 자가 호흡을 하는

간병인의 도움을 받으며 철제 폐 속에서 식사 중인 폴 알렉산더

훈련을 수년 동안 목숨을 걸며 했다. 숨을 헐떡이는 것처럼 한 번에 3분씩 호흡하는 법을 배우는 데만 1년이 걸렸다. 그 결과 폴은 휠체어를 타며 몇 시간을 철제 폐 밖에서 보낼 수 있게 되었다.

그는 입에 붓이나 펜을 물고 그림을 그리고 글을 쓰는 법도 배웠다. 철제 폐에 의지했지만, 자신의 환경에 굴하지 않았고 스스로 다짐했다.

"폴, 포기하지 마, 이겨 내야 해!"

"계속할 수만 있다면 그렇게 하는 게 모두에게 최선이야."

"나뿐만 아니라 내 인생, 내 꿈을 위해서도!"

폴에게 새로운 인생의 목표가 생겼다.

"학교에 가야만 했어요. 다른 방법이 없었거든요."

폴은 자신만의 혹독한 방법으로 학업에 매진했다. 수십 년 동안 낮에는 휠체어를 타고 밤에는 철제 폐 속으로 다시 들어가면서도 입에서 펜을 놓지 않았다. 폴은 고교 수석 졸업을 시작으로 두 개의 학사학위 취득과 함께 연이어 변호사 시험까지 합격하는 믿을 수 없는 의지를 보여주었다. 그후 수십 년 동안 달라스에서 변호사로 활동하며, 밤에는 늘 철제 폐에 다시 들어가 가쁜 숨을 쉬는 게 그의 삶이었다.

이제는 나이가 들어 스스로 호흡하기가 어려워지면서 철제 폐에 완전히 갇히게 되었지만, 그는 거기서 멈추지 않았다. 폴은 입으로 자판을 두드리며 무려 8년이란 시간 동안 글을 썼다. 그리고 자신의 인생 이야기를 담은 회고록을 출간했다.

“바이러스가 한 사람의 삶을 어떻게 바꿀 수 있는지, 소아마비가 얼마나 위험한지 나의 생생한 삶을 통

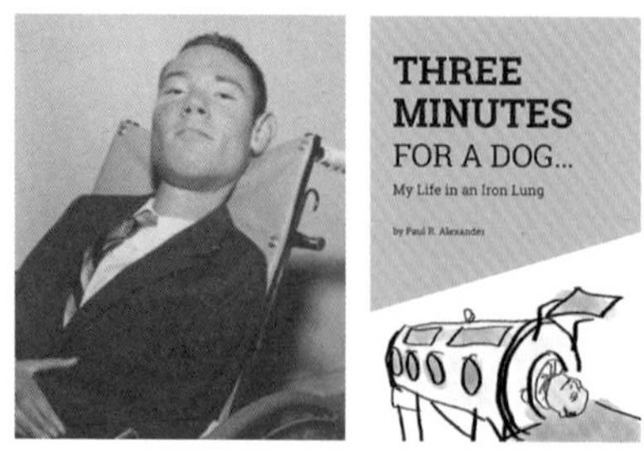

변호사 시절의 폴 알렉산더, 그리고 그의 저서인《철제 폐 속 나의 삶》

해 알리고 싶었어요. 소아마비 백신이 이미 개발되었지만, 미국은 24년이 지나서야 소아마비 발병 사례가 나타나지 않았습니다. 만약 백신 접종을 하지 않는다면, 소아마비는 다시 올 수 있습니다. 얼마 전 우리가 겪은 코로나 바이러스와 다르지 않습니다."

폴은 가쁜 숨을 내쉬며 책을 쓰게 된 이유를 이와 같이 설명했다.

* 한계를 넘어서는 삶에 대한 열정

우리는 종종 환경이 우리의 한계를 정한다고 생각한다. 하지만 때로는 그 한계 속에서 놀라운 의지로 진짜 자기 삶을 사는 사람들이 있다. 폴에게는 매 순간 숨 쉬는 것조차 투쟁이며 삶을 향한 능동적인 결정이다. 그에게 '살아간다'라는 것은 당연한 게 아닌 매일의 각오이자 결단이다.

아무리 어려운 상황에 처해도 진정한 의지는 그 안에서 빛을 찾아낸다.

삶은 바이러스처럼 예기치 않게 우리의 계획을 뒤엎는다. 어떤 이들에게는 질병이 찾아와 모든 것을 바꾸어 놓기도 한다. 그러나 진정한 강인함을 가진 사람은 그런 상황에서도 삶을 쉽게 포기하지 않는다.

우리가 평소에 불평을 호소하는 일상의 피곤함 즉 퇴근 길에 사람들로 꽉 찬 지하철, 교통 체증으로 꽉 막히 도로, 날씨의 변덕 등이 어떤 이들에게는 숨막히게 그립고 누려보고 싶은 일상일 수 있다. 그들의 삶을 생각할 때, 우리의 불평은 얼마나 배부른 소리인지 깨닫게 된다.

인생의 진정한 가치는 주어진 조건이 아니라, 그 조건 속에서 우리가 어떻게 행동하느냐에 있다. 몸을 마음껏 움직일 수 없는 상황에서도 인간의 정신은 자유롭게 날아오를 수 있다.

우리 모두의 삶에는 각자의 '철제 폐'가 있다. 그것은 물리적인 제약일 수도, 정신적인 두려움일 수도, 혹은 사회적 편견의 형태일 수도 있다. 그러나 중요한 것은 포기하거나, 혹은 그 안에서 의미를 찾아 나아가는 것은 순전히 우리의 선택이란 점이다. 우리 삶에 어떤 제약이 있든, 그것이 정신까지 통제할 수는 없다. 우리의 몸이 철제 상자에 갇혀 있더라도, 꿈은 여전히 자유롭기 때문이다.

'불가능'이라는 단어는 단지 '나는 아직 방법을 찾지 못했다'라는 뜻이다. 우리 각자의 삶은 고유한 도전으로 가득 차 있다. 하지만 그 도전 앞에서 내가 결정한 태도야말로 진짜 나의 모습이다.

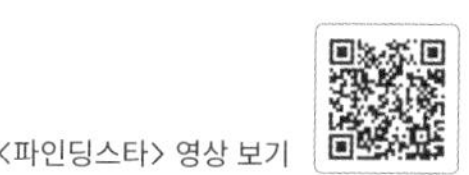

<파인딩스타> 영상 보기

3

세상을 바꾸는 작은 용기

60명의 학생을 가득 태운 스쿨버스가
하굣길을 운행 중이었다.
그런데 갑자기 운전기사가 의식을 잃고 말았다.
설상가상 스쿨버스는 반대편 차선으로
굴러가기 시작했다.

버스 기사를 대신해 소년이 한 일

60명이 탄 스쿨버스, 누군가는 멈춰야 했습니다

미국 미시간주, 카터 중학교 하굣길을 달리는 66인승 스쿨버스 안은 학생들로 꽉 차 있었다. 버스 기사는 쓰고 있던 모자를 벗더니 연거푸 자기 얼굴 쪽으로 부채질하고 있었다. 무언가 답답한 듯 그녀는 버스 안에 설치된 무전 통신기를 손으로 잡았다. 자신의 컨디션이 안 좋음을 직감한 모양이었다.

"너무 어지럽고, 현기증이 나서 차를 세워야 할 것 같아요!"

버스 기사는 힘겹게 스쿨버스 관제실로 연락했다. 그리고 잠시 후, 길가에 차량을 세우기 위해 차선을 옮기려는 순간, 버스 기사는 갑자기 의식을 잃고 말았다.

60명의 중학생이 탄 버스는 순간적으로 휘청거리더니 멈추지 않고 중앙선을 넘으려 하고 있었다. 그때 차량 앞쪽에 있던 13세 소년 '딜런 리브스'는 메고 있던 가방을 벗어 던지고 운전석을 향해 뛰어갔다. 그는 버스 기사가 의식을 잃었음을 확인했다. 버스는 갑자기 몹시 흔들리며 방향을 잃었고, 버스 안은 공포와 불안감에 비명을 지르는 학생들로 아수라장이 되었다. 얼떨결에 운전대를 잡은 딜런은 버스 기사의 상태를 계속 확인하며 아이들을 향해 소리쳤다.

"누가 119로 빨리 전화 좀 해!"

그러나 이성을 잃은 듯 버스 안의 학생들은 딜런의 다급한 목소리를 귀담아듣지 못했다. 반면, 숨 막히는 위기 상황에도 딜런은 침착함을 잃지 않았다. 딜런은 운전대를 길가로 돌리고 천천히 브레이크를 밟으며 대형 버스를 안전하게 세우는 기지를 보여 주었다. 이후 구급차에 실려 간 버스 기사는 응급실로 이송되어 치료

받을 수 있었다.

"35년 교육감 생활 중 이렇게 침착한 학생은 보질 못했습니다."

"딜런 리브스는 우리 학교의 영웅입니다."

딜런의 선행과 용기를 표창한 교육감은 입에 침이 마르도록 칭찬을 아끼지 않았다.

CCTV에 찍힌 영상을 확인한 경찰은 13세 밖에 안 된 딜런의 판단에 놀랄 수밖에 없었다. 급정거를 하면 스쿨버스 안의 60여 명 학생이 앞쪽으로 쏠릴 것을 우려해 브레이크를 천천히 밟은 채 버스 정류장 한쪽으로 안전하게 차를 운행한 것이었다.

그뿐만이 아니었다. 놀라고 당황한 60명의 학생을 진정시키는 기지까지 보여줬다. 아수라장이 된 차 안에서 학생들은 '119에 빨리 연락해!'라는 딜런의 다급한 말에도 흥분과 공포로 아무런 대응을 하지 못하고 있었다. 그런데도 그는 끝까지 운전대를 잡고 브레이크를 밟은 채 고개를 뒤로 돌려 아이들에게 외쳤다.

"여기는 신경 쓰지 말고, 119에 연락해, 당장! 누구든 상관없어, 빨리 전화해야 해!"

딜런은 학생들이 공포스러운 상황에 동요되지 않도록 리더십도 보여 주었다. 신고를 받은 경찰관과 소방관이 곧 현장에 도착했고, 버스에 탑승한 학생 중 다친 사람은 한 사람도 없었다.

딜런의 아빠는 한 방송국 인터뷰에서 이렇게 말했다.

"시골길을 달릴 때면 네 살 때부터 아들을 무릎에 앉히고 함께 운전한 적이 많았어요."

딜런은 늘 호기심이 많았다고 했다. 그리고 딜런의 엄마는 이렇게 말하며 그를 자랑스러워했다.

"딜런에게 어떻게 그런 행동을 하게 된 거냐고 물었더니, 버스 기사가 운전하는 걸 매일 앞자리에서 지켜

침착하게 버스 운전대를 잡은 딜런

봤다고 하더군요."

60명의 학생을 살리며 위기 상황에서 침착하게 대응한 13세 소년 딜런의 행동은 카터 중학교의 작은 영웅을 넘어 미국 전역에 방송되며 큰 주목을 받았다. 그러나 그는 모든 방송국의 인터뷰를 정중히 사양했고 할 수 있는 일을 한 것뿐이라며 겸손함을 보였다. 딜런의 장래희망은 소방관이라는데, 이미 그 이상의 몫을 해낸 듯하다.

"대형 참사를 막으며 담대한 용기를 보여준
작은 영웅 딜런 리브스에게 찬사를 보냅니다!"

☆ 작은 용기가 구한 생명

어둠이 깊을수록 아주 작은 빛도 누군가에게는 희망이 될 수 있다. 용기란 특별한 사람만 가질 수 있는 거창한 힘이 아니라, 평범한 누군가가 순간의 선택으로 내딛는 의미 있는 행위이다.

우리는 종종 용기를 거대한 행위나 극적인 장면에서 찾으려 한다. 하지만 진짜 용기는 작은 목소리로라도 옳은 말을 하는 것, 두려움 속에서도 필요한 행동을 선택하는 것이다.

괴롭힘을 당하는 친구 옆에 조용히 서 있는 일, 다친 동물을 보고 외면하지 않는 일, 부당한 상황 앞에서 고개를 돌리지 않는 일 역시 용기의 또 다른 얼굴이다. 자연재해나 사고처럼 극단적인 순간에 등장하는 기적적인 용기 역시 대부분 작은 용기들이 차곡차곡 모여 이룬 결과다.

보통 놀라운 용기로 사람들을 살리는 행동을 한 영웅들은 일반 사람들과는 뭐가 달라도 다를 거라고 생각한다. 하지만 그들의 이야기는 늘 비슷하다. 그냥 맞다고 생각한 행동을 위급상황에서 자기도 모르게 실천했다는 것이다. 그러니 용기는 계산하고 생각하고 고민할 수 없는 영역의 것이 아닐까?

물론 누구나 위기의 순간에 주저할 수 있다. 하지만 옳다고 믿는 생각이 두려움을 이기는 순간, 우리는 누구나 영웅이 될 수 있다.

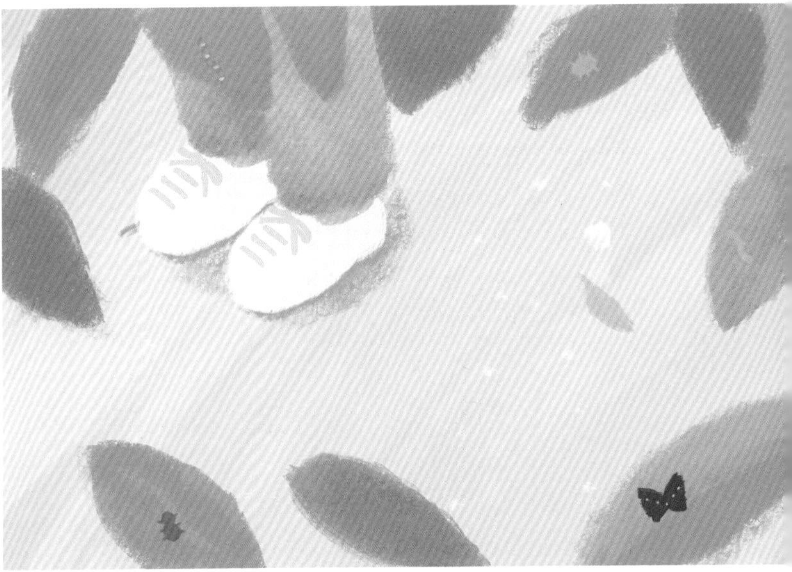

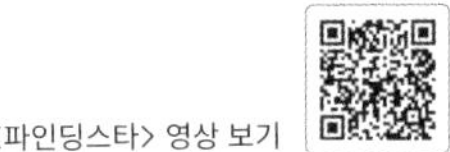

〈파인딩스타〉 영상 보기

금메달과 동메달을 딴 두 흑인 선수는
미국 국가가 울려퍼지자
고개를 숙이고 검은 장갑을 낀 주먹을 들어 올렸다.
은메달을 딴 호주 선수는 이렇게 말했다.
“나도 당신들과 함께 서 있습니다.”

이기고 지는 것보다 더 중요한 것

2등이 더 위대한 순간도 있습니다

1968년 제19회 멕시코 하계올림픽에서 남자 단거리 육상 200m 결승이 끝나고 시상식이 진행되고 있었다. 미국의 흑인 선수들은 각각 금메달과 동메달을 받았다. 잠시 후 그들의 국가가 스타디움에 울렸다.

그런데 두 선수는 고개를 숙이고 검은 장갑을 낀 주먹을 불끈 들어 올렸다. 바로 흑인 차별에 대한 침묵의 시위였다. 당시 이 행동은 올림픽 역사상 전무후무한 정치 행위로 평가되었고, 세계의 이목을 받았다. 그러나 2위로 은메달을 목에 걸고 단상에 있던 한 남자를 기억하는 사람은 아무도 없었다.

베트남 전쟁에 대한 반전 운동으로 격동의 시대를 겪었던 1968년의 미국은 곳곳에서 인종 차별에 반대하는 시위대와 경찰의 충돌로 인명 피해가 많았던 시기였다. 이러한 사회 분위기 속에 개최된 멕시코 올림픽에서 육상 남자 200m 시상식 연단에 선 두 흑인 선수는 금메달의 주인공 토미 스미스와 동메달을 딴 존 카를로스였다.

이들은 흑인의 빈곤을 상징하기 위해 신발을 신지 않은 채 검은색 양말만 신고 단상에 올랐다. 또한 금메달리스트 토미 스미스는 검은 스카프를 목에 감았고, 동메달리스트인 존 카를로스는 백인 우월주의 단체에 의해 생명을 잃은 사람들을 기원하며 묵주를 지니고 있었다. 이 사건은 올림픽 역사상 가장 유명한 정치 행동인 '블랙 파워 설루트Black power salute'다

시상식이 끝난 이틀 후 국제올림픽위원회IOC는 신성한 올림픽 시상식을 더럽혔다며 스미스와 카를로스를 멕시코에서 추방시켜 버렸다. 또한 향후 올림픽 참가 금지라는 철퇴를 내렸다.

그리고 그들 곁에 있던 또 한 사람, 미국의 두 선

수와 역사적인 순간을 같이 한 은메달의 주인공은 호주의 백인 선수인 피터 노먼이다. 50년이 지난 지금도 그의 200m 기록은 호주 최고의 기록으로 남아 있다. 결승 레이스가 끝나고 은메달을 딴 피터 노먼에게 스미스와 카를로스는 물었다.

1968년 제19회 멕시코 하계올림픽
200m 남자 육상 시상식

2위로 들어와 은메달을 획득한
호주의 피터 노먼

"당신은 인권을 믿나요?"

"그렇습니다."

노먼이 답했다. 그러자 그들은 다시 한번 물었다.

"하나님을 믿나요?"

"강렬하게 믿고 있습니다."

그리고 이어진 피터 노먼의 말을 두 사람은 잊지 못한다고 했다.

"나도 당신들과 함께 서 있습니다."

시상대에는 인권을 요구하는 상징인 올림픽 프로젝트 OPHR The Olympic Project for Human Rights 배지(인권을 위한 올림픽 배지)를 세 선수 모두 왼쪽 가슴에 나란히 달고 있었다. 피터 노먼은 두 사람의 가슴에 단 배지를 가리키며 말했다.

"당신들이 믿는 것을 나도 믿고 있습니다."

그리고 자신의 배지를 보여주며 이렇게 말했다.

"나도 인권 운동을 지지하고 있다는 증거이며, 여기에는 내 몫도 있습니다."

많은 시간이 지나고 비로소 미국에서 인종 차별이

철폐되었다. 그리고 토미 스미스와 존 카를로스는 미국 인권 운동을 상징하는 선수로 평가되었다. 역사는 이들의 행위에 정당한 평가를 내렸고, 미국 산호세 주립 대학에는 두 사람의 기념 동상이 세워졌다.

그러나 2위 연단은 비어 있다. 이는 마치 피터 노먼의 운명을 상징하는 것만 같았다. 멕시코 하계올림픽 200m 남자 육상 대회 시상식을 마친 후 호주 스포츠 역사는 그를 완전히 지워 버렸다.

피터 노먼은 호주 대표팀에서 제외되었을 뿐만 아

미국 산호세 주립 대학에 세워진 스미스와 카롤로스 동상

니라 모든 대회 출전 자격까지 박탈당했다. 그리고 호주 정부는 그의 기록과 명예를 없애 버리며 이단자로 낙인을 찍어 버렸다. 기록과 명예 대신 인종 차별에 대한 소신을 보였던 그에게 조국 호주는 가혹했다.

결국 그는 모든 스포츠계에서 은퇴하며 자영업으로 삶을 이어갔다. 백인 중심의 호주 사회는 그 사건을 계기로 피터 노먼과 그의 가족들까지 소외시켰다. 그리고 얼마 후 호주는 그에게 명예 회복의 기회를 주었다. 단 조건이 있었다. 미국의 토미 스미스와 존 카를로스가 시상식에서 한 행동을 공개적으로 비난하라는 조건이었다. 피터는 그 제안을 일거에 거절했다.

슬픈 영웅 피터 노먼은 급기야 우울증과 알코올 중독으로 힘든 시간을 보냈다. 지금도 깨지지 않고 있는 200m 달리기 호주 최고 기록 보유자 피터 노먼은 그렇게 조국에게 버려진 채 2006년 심장마비로 유명을 달리했다.

그리고 장례식에는 그와 뜻을 같이 했던 미국의 토미 스미스와 존 카를로스가 함께했다. 그들은 비통함을 안은 채 피터 노먼의 주검을 직접 메고 있었다.

호주의 피터 노먼 장례식장, 미국의 토미 스미스와 존 카를로스는 그의 주검을 직접 들며 애도를 표했다

호주 정부는 여론과 시대의 흐름을 막을 수 없었다. 결국 2012년 호주 의회는 뒤늦게 피터 노먼에 대해 공식적인 사과를 했다. 1968년 제19회 멕시코 올림픽 남자 육상 200m 수상자 세 명의 메달리스트는 '2020 World Athletics Award(2020 세계육상연맹 연간 표창)' 회장상 President's Prize에 선정되었다.

멕시코 올림픽이 개최된 지 반세기가 지나서야 비로소 명예가 회복된 것이다. 피터 노먼이 사망하기 전 인권 운동의 기념 동상을 계획했던 미국 산호세 주립대학은 피터에게 이렇게 물었다.

"당신의 2위 자리를 기념하고 동상을 세우고 싶습

니다."

그러나 피터 노먼은 뜻밖의 대답을 했다.

"누구나 그 자리에 동참하여, 위대한 흑인 선수들과 함께 사진을 찍을 수 있도록 비워 두도록 하세요."

그렇게 그는 단상의 2위 자리에 자신의 동상을 세우는 것을 거절했다.

"정의를 이루는 것은 결국 용기다."

* 빛나지 않아도 옳은 길

당장 눈앞의 기회를 놓쳐야만 지킬 수 있는 신념이 있다.

박수를 받을 수 없는 선택, 심지어는 오해받고, 손해를 보고, 때로는 고립되어야만 가능한 선택의 순간에 스스로 묻는다.

'이대로 계속해도 괜찮을까?'

'내가 이렇게까지 할 이유가 있을까?'

사람들은 보통 크게 드러나는 용기만 기억하려 한다. 누군가를 구한 영웅담, 거대한 무대 위에서 외친 한마디, 역사의 한 장면에 이름이 남는 그런 행위에 대한 것만 추앙한다.

하지만 진짜 용기는 그 누구도 알아주지 않을 때 자기만의 자리를 지키는 일인지도 모른다. 딱 한 번만 신념을 부정하면 명예를 얻을 수 있을 때, 한 번의 침묵으로 편한 삶을 살 수 있을 때, 그래도 아니라고 말하는 사람들이 있다. 그들은 조용히 눈을 감고, 마음 안의 목소리에 귀를 기울인다. 그리고 다들 외면하는 자리에서 끝까지 머문다. 때로는 그런 이들의 선택은 오랜 시간 부당하게 평가받기도 한다. 애써 외면당하고, 조롱당하고, 지워지기도 한다. 하지만 진심은 지워지지 않는다. 시간은 늘 진실을 찾아내고, 침묵의 용기를 기억해낸다.

우리는 일상에서도 이런 순간들을 마주한다.

다수가 틀린 길로 향할 때 혼자서 멈춰 서는 일, 누군가가 불이익을 당할 때 나서서 한마디 하는 일, 모두가 괜찮다고 할 때 '아니'라고 말하는 일들은 대단해 보이지 않지만, 그런 결단이 쌓여 세상을 바꾼다.

누가 알아주지 않아도, 자기 마음에 떳떳하게 살아 낸 날은 언제나 가장 가치 있는 하루가 된다. 빛나지 않아도, 박수를 받지 않아도 괜찮다. 당신이 옳다고 믿는 그 길 위에 서 있었다면, 그것만으로도 충분히 잘 살아왔다고 존중받아야 할 삶이다.

<파인딩스타> 영상 보기

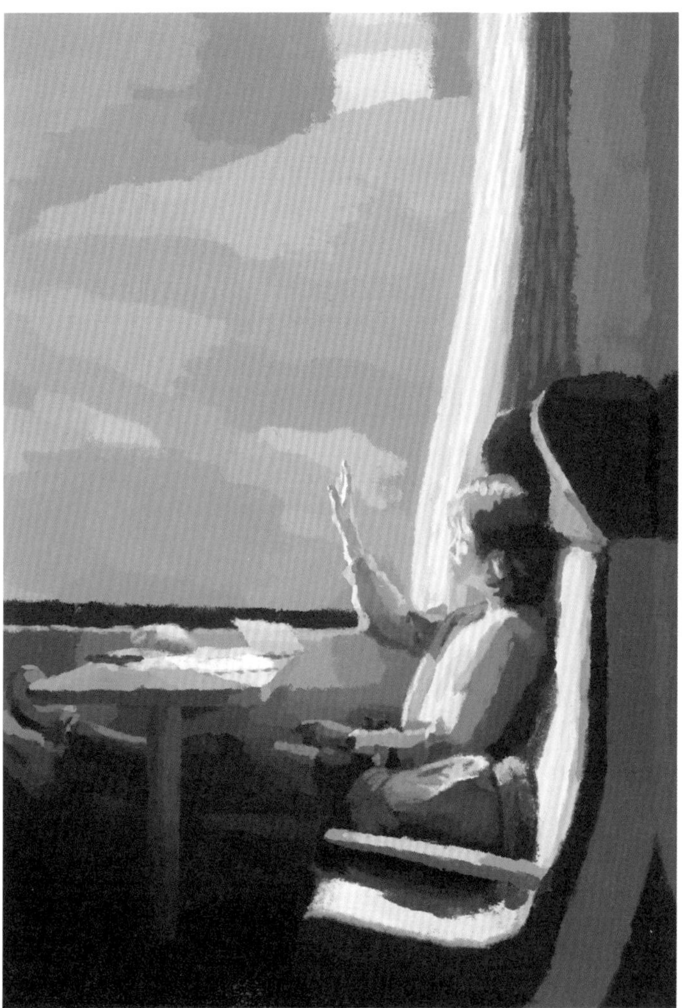

한 소년이 이웃집 벨을 눌렀다.
또래 친구를 애타게 찾고 있는 이 소년에게
집주인이 대답했다.
"우리 집에는 두 살짜리 아이만 있단다.
바로 아래 집에만 해도 또래 친구들이
두 명이나 있잖니?"
잠시 머뭇거린 소년은 이렇게 말했다.
"걔들은 더 이상 내 친구가 아니에요. 왜냐하면……."

이웃집 벨을 누른 왕따 소년

문을 두드린 그날, 기적이 시작됐습니다

미국 텍사스주 에머릴로Amarillo에서 죠스가 그려진 흰색 티셔츠를 입은 12세 소년 '셰이든 워커'는 모르는 이웃집의 벨을 눌렀다.

"무슨 일이니?"

인터폰 스피커로 집주인이 물었다.

"저, 안녕하세요. 혹시요, 주변에 열한 살이나 열두 살 정도 되는 애들을 알고 계신가 해서요."

머뭇거리던 소년은 이어서 말했다.

"제가 친구가 필요하거든요!"

그러자 집주인 레이가 말했다.

"그렇구나, 그런데 바로 아랫집에만 가도, 네 또래 애들이 두 명이나 있잖니?"

순간 워커는 당황하며 말했다.

"맞아요. 저쪽 집에 한 명, 그리고 이쪽에 한 명 있어요. 음, 사실 걔들은……, 그냥 솔직히 말할게요! 그 아이들은 더 이상 제 친구가 아니에요. 저를 따돌리고, 너무 괴롭혔거든요."

그 말을 들은 레이는 당황하며 말했다.

"저런, 안타까운 일이구나!"

워커는 괜찮다는 듯 집주인에게 다시 물었다.

"아저씨, 혹시 집에 애들은 없으세요?"

"애들? 있지! 그런데 어쩌지? 이제 겨우 두 살이야!"

그 말에 워커는 무척이나 반가운 목소리로 말했다.

"오, 괜찮아요. 잘됐네요! 저는 정말로 두 살 아이를 아주 좋아해요. 정말 솔직하게 말하거든요. 예쁘고, 귀엽고, 얼마나 사랑스러운데요?"

워커는 지긋이 미소를 띄우며 말했다.

워커는 예전에 두 살 아이와 함께했던 추억이 있었다. 그의 여동생이 두 살이었을 때 동생과 어떻게 같이 놀아줬는지 집주인 레이에게 자세하게 들려줬다.

"음, 그랬구나, 네 이름이 뭐니?"

레이가 물었다.

"저는 쉐이든 워커예요."

"좋아, 워커! 우리 이렇게 하자."

"우리 동네에서 새 친구들이 보이면 너한테 꼭 알려줄게. 약속할게!"

"네, 감사합니다. 좋은 하루 보내세요!"

워커는 레이 아저씨께 기분 좋게 인사를 하고 헤어졌다.

당시 집주인 레이는 집에 없었다. 외부에서도 조작이 가능한 초인종 카메라의 어플을 보며 워커와 대화를 나눈 것이다. 레이 부부는 친구를 찾기 위해 문을 두드린 워커의 영상을 다시 확인했다. 소년의 얼굴 표정과 함께 여린 목소리에도 따돌림을 당했을 아픈 상처가 고스란히 전해졌다.

이들 부부는 워커의 친구가 되기로 했다. 새 친구와 단합을 위해 워커가 입고 있던 죠스 티셔츠를 같은 것으로 구매해 입고 천천히 워커에게 다가갔다. 그리고 집에 초대해 외로움을 덜어주고 마음을 나누었다. 여러 시간을 함께하며 친구처럼, 때로는 가족처럼 소년을 대해 주었다.

무엇보다도 레이 부부는 워커에게 친구가 있음을 당당히 확인시켜 주고 싶었다. 그리고 함께한 사진과 영상을 공유하며 세상에 워커의 스토리를 전해주자 놀라운 일이 벌어졌다. SNS에 올린 영상이 무려 6,500만 조회수를 기록했다. 지구촌에 수많은 사람이 워커의 친구가 되어 주었고, 누리꾼들의 지지도 이어졌다.

'워커, 넌 강한 아이야. 그 누구도 괴롭힘을 당해서는 안 돼!'

'주눅 들지 않고 적극적으로 친구를 찾는 넌 진짜로 용감한 소년이야!'

'워커도 다른 아이들처럼 그저 세상과 함께하고 싶을 뿐이었을 텐데.'

'레이 부부는 천사입니다.'

그리고 영상을 본 워커의 엄마는 "사실, 아들을 괴롭히는 사람들이 더 많아질까 봐 두려웠어요."라며 그동안 말 못 한 솔직한 심정을 얘기했고, 지금의 이 상황이 너무도 놀랍다고 말했다.

"보내주신 애정에 너무 놀랍고 감사할 뿐입니다."

그리고 워커의 친구가 되어 준 레이 부부에게도 감사함을 잊지 않았다.

"워커의 친구가 되어 주고, 또 아름다운 얘기를 세상에 전해준 레이 부부에게 고마움을 전합니다. 정말 감사드립니다."

영상을 본 누군가는 인상 깊은 댓글을 남겼다.

'아이가 벨을 누를 때까지 얼마나 고통스러웠고, 또 용기를 냈을지 그리고 그 용기를 받아준 멋진 이웃을 보니 눈물이 납니다. 세상은 아직 살만합니다.'

괴롭힘을 극복하고 친구를 찾아 나선 워커

* 다시 문을 두드리는 마음에 희망을

학교 폭력이나 왕따를 겪은 아이들은 쉽게 세상과 거리를 둔다. 단지 다가가고 싶었고 친구가 되고 싶었지만, 돌아온 건 외면과 상처뿐이었기 때문이다. 아이들은 자기 존재가 부정당한 듯 깊은 아픔을 겪으며 점차 마음의 문을 닫는다. 그러나 그 아이들이 다시 한번 용기를 내며 손을 내밀 때가 있다.

그때 우리가 해야 할 일은 그 손을 단단히 잡아주는 것이다. 작은 손이 허공에 머물지 않도록, 아이가 다시 세상을 믿고 나아갈 수 있도록 어른들이 먼저 멈춰 서서 기다려야 한다. 그 따뜻한 기다림 하나가 상처받은 아이의 마음을 회복시키고, 그 아이가 다시 누군가의 손을 잡아줄 수 있는 사람으로 자라게 한다.

상처받은 아이에게 가장 필요한 것은 거창한 위로가 아니다. 자신의 목소리에 귀 기울여주는 한 사람, 자신의 마음을 진심으로 알아주는 한 사람이다.

아이가 혼자 그 짐을 짊어지도록 내버려두면, 그 마음에 남은 흉터는 어른이 되어서도 쉽게 지워지지 않는다. 그러니 최대한 아이의 작은 신호를 잘 살펴야 한다. 외면 당할까 봐 두려워하는 눈빛을, 조심스레 내미는 손을 절대 놓쳐서는 안 된다. 그래야만 아이들은 자신을 믿고 다시 한 걸음 내디딜 수 있다.

아이들에게 아직 세상이 믿을만하다는 것을 따뜻한 말 한마디, 진심 어린 눈길로 알려줘야 한다. 그렇게 상처 입은 마음이 서서히 회복되어야 아이들 마음속에 다시 건강한 용기가 자라날 수 있다.

<파인딩스타> 영상 보기

중장비를 동원한 2시간의 구조 작업이
갑자기 멈추었다.
우물에 빠진 세 살 아이의 울음소리가
더 이상 들리지 않았기 때문이다.
그때 한 소년이 나섰다.

세 살 아이를 구한 열네 살 소년

가브리엘을 그냥 둘 수 없었습니다

2013년 4월 루마니아에서 세 살밖에 안 된 어린아이 가브리엘이 우물에 빠졌다. 우물가에서 놀던 가브리엘은 우물에 비친 반짝이는 햇살을 가까이 보기 위해서 허리를 숙이다가 깊은 우물 속으로 빠지고 말았다. 함께 있던 부모는 겁에 질린 채로 긴급하게 구조대에 연락을 취했다. 현장에 도착한 구조대원은 사고 현장을 보고 매우 어려운 구조 작업이 될 것을 직감했다. 가브리엘이 빠진 우물의 반경이 겨우 30cm에, 깊이는 무려 15m나 되는 좁고 깊은 구조였기 때문이다.

그래도 최대한 빨리 아이를 구조해야 했다. 우선

우물의 깊이를 줄이기 위해 둘러싸고 있는 콘크리트 파이프를 제거하는 작업이 시작되었다. 주민들까지 동원되어 삽과 중장비로 서둘러 우물 해체 작업을 진행했다. 동시에 우물 속 아이가 질식되지 않도록 로프를 통해 산소통을 내려보내면서 가브리엘의 의식과 생존 여부를 확인했다.

그렇게 두 시간이 지났을까, 어느 순간 가브리엘의 울음소리가 들리지 않았다. 모두가 절망에 빠졌고 구조대는 서둘러 구조 작전을 바꿨다. 더 이상 지체할 수 없었다. 누군가 우물 속으로 직접 들어가서 아이를 꺼내오는 방법밖에 없다. 하지만 우물은 성인 남성이 들어가기에 너무 좁았다.

"제가 내려갈게요!"

그 상황을 모두 지켜보던 14세 소년 크리스티안이 구조대에 다가가서 말했다. 구조대원은 위험을 감수해야 하는 위급한 상황에 선뜻 나서준 크리스티안의 용기에 머리를 쓰다듬으며 소년의 결단에 동의할 수밖에 없었다.

"크리스티안! 네 다리를 로프로 묶은 후 머리가 먼

저 들어갈 거야. 그리고 내려가는 동안 손을 쭉 펴서 우물 속에 있는 가브리엘의 손을 꼭 잡는 거야! 할 수 있겠니?"

걱정하지 말라며 고개를 끄덕인 크리스티안은 잔뜩 긴장하고 있었다. 그런데도 주민들을 위해 애써 미소를 지으며 안심하라는 듯 손을 흔들어 주었다. 주민들은 환호성을 지으며 크리스티안의 용기에 응원을 보내주고 있었다. 마침내 크리스티안이 우물 속으로 들어

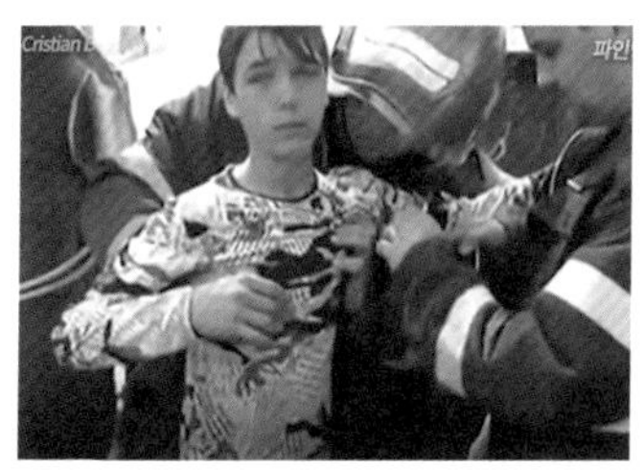

구조대원이 크리스티안을 묶은 로프 상태를 다시 한번 점검하고 있다

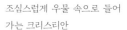

조심스럽게 우물 속으로 들어가는 크리스티안

가기 위한 모든 준비가 끝났다.

가브리엘의 운명은 이제 크리스티안에게 달렸다. 로프에 묶인 몸이 들려진 채 우물 속으로 머리부터 천천히 들어갔다. 모두가 숨을 죽였고, 정적과 긴장만이 우물 주변을 감싸고 있었다.

어느 정도 시간이 지난 후 크리스티안을 묶은 로프를 올리기 위해 기계가 요란한 소리를 내며 돌아가기 시작했다. 잠시 후 크리스티안의 발이 보이기 시작했다. 그리고 소년의 두 팔에 꼭 움켜진 가브리엘이 보이기 시작했다. 사람들은 엄청난 환호성을 지르며 두 사람을 응원했다. 부모는 구조된 가브리엘을 품에 앉고 참을 수 없는 안도의 눈물을 흘렸다.

우물 밖으로 빠져 나온 가브리엘

지켜보던 시민들은 이 기적 같은 상황에 감격하며 함께 울고 기뻐했다. 그리고 이 모든 상황은 루마니아의 한 방송사를 통해 방영되고 있었다. 방송사의 카메라 앞에서 가브리엘을 구조한 크리스티안이 말했다.

"사실 조금 겁이 났어요. 하지만 어둠 속에 있는 가브리엘을 그냥 두고 볼 수는 없었어요."

크리스티안은 흥분을 감추지 못했다. 그리고 구조된 가브리엘의 아빠는 감격의 눈물을 흘리며, 크리스티안을 평생 잊을 수 없을 것이라고 고마움을 전했다. 한편, 가브리엘은 병원으로 후송되어 저체온증을 치료받은 후 무사히 회복되었다.

자신의 위험을 감수하며 아이를 구한 열네 살 크리스티안의 담대한 용기는 루마니아 사람들의 가슴 속에 잔잔한 희망을 안겨주었다.

"희망 없는 두려움이란 있을 수 없고
두려움 없는 희망이란 있을 수 없다."

작은 용기가 세상을 구할 때

삶을 살아가다 보면 누구나 두려움과 맞닥뜨리는 순간이 있다. 그 두려움은 우리를 주저하게 만들고, 뒤로 물러서게 한다. 그러나 두려움을 마주하는 용기는 삶을 바꾸고, 때로는 세상에 작은 기적을 만들어 낸다.

우리는 종종 거대한 문제 앞에서 무력함을 느끼곤 한다. 내가 할 수 있는 일이 없다고 느껴질 때도 있다. 하지만 그럴 때일수록 중요한 것은 두려움을 외면하지 않고 정면으로 마주하는 것이다. 용기는 거창한 결심에서 시작되는 것이 아니다. 가슴 깊은 곳에서 끓어오르는 작은 다짐, 누군가를 돕고자 하는 간절함에서 비롯된다.

일상에서도 늘 용기가 필요함을 느낀다. 일터에서, 가정에서, 친구 관계에서 때로는 불편한 진실을 마주해야 하고, 때로는 내 몫이 아니라고 생각되는 책임을 짊어져야 할 때도 있다. 그럴 때 꼭 필요한 작은 용기가 있어 옳은 방향으로 나아갈 수 있다면, 우리의 삶은 더 풍성해지고 그 작은 실천이 누군가에게는 큰 힘이 될 수 있을 것이다.

어쩌면 우리가 사는 세상은 크고 작은 두려움과 용기의 연속일지도 모른다. 중요한 것은 그 두려움에 주저앉지 않는 것, 그리고 희망의 불씨를 놓지 않는 것이다. 용기는 우리를 성장하게 하고, 두려움은 용기의 의미를 되새기게 한다. 두려움 없는 용기란 존재하지 않듯이, 용기 없는 희망도 존재하지 않는다.

오늘 하루, 작은 두려움을 용기로 바꾸어 보자.

<파인딩스타> 영상 보기 

"멍멍멍!"

주택가의 작은 도로변에서 며칠째 들리는
강아지 울음소리에 주민들은 의아해하고 있었다.
집이나 길가에서 짖는 소리가 아니었기 때문이다.

힘을 모아 구한 작은 생명

한 마리 개를 구하려고 온 도시가 움직였습니다

미국 텍사스주 알링턴Arlington, 삼 일째 돌아오지 않고 있는 반려견 '조이'의 보호자 안드레아는 SNS를 통해 도움을 요청했다. 그러다가 어느 주택가에 며칠 전부터 강아지 소리가 들린다는 소식을 듣고 바로 현장으로 달려갔다. 그곳에서 들리는 소리는 분명히 조이가 맞았다. 그러나 안드레아가 할 수 있는 것은 없었다. 반려견 '조이'는 청각장애가 있기 때문이었다. 안드레아는 다급히 구조대에 신고했다.

현장에 온 알링턴 지역 소방관들은 주변 상황을 살펴보았다. 땅속 배수구로 수색 방향을 잡고 내시경을 활용해 '조이'를 샅샅이 찾기 시작했다. 그러다가 좁은 빗물 배수구에 웅크린 채 꼼짝하지 못하고 있는 조이를 찾아냈다. 조이를 찾았다는 사실에 안도감을 느낀 것도 잠시, 구조가 쉽지 않았다. '조이'가 갇힌 곳으로부터 가장 가까운 빗물 배수장까지는 120m나 떨어져 있었다. 심지어 좁은 배수관을 구조대 한 명이 기어 들어가야 하는 상황이었다. 하지만 산소가 부족할 수 있는 캄캄한 터널을 사람이 진입하는 것은 현명한 방법이 아니었다. 결국 알링턴시 당국은 도로에 크게 글자를 적었다.

'DOG'

반려견 조이가 있는 곳을 기점으로 땅을 파기로 한 것이다. 중장비를 동원해 도로를 절단하기 시작했고, 포크레인으로 절단한 콘크리트를 하나씩 들어내었다. 무더운 날씨에도 긴급 작업자들의 움직임은 분주했다. 시민들은 피자와 물을 건네며 피로를 덜어주었다.

오전에 시작한 땅파기 작업은 많은 시간이 소요되었고, 날이 어두워지자 단단한 콘크리트 빗물 배수구가 보였다. 어느새 지상에는 경찰과 소방관 구급대원까지 대기하고 있었다.

조명을 밝히며 상판 배수구의 절단 작업이 시작되었고, 대원이 들어갈 정도의 입구를 확보했지만, 역시 원형 배수구의 크기는 대원 한 명이 겨우 엎드려 기어가야 하는 좁은 공간이었다.

그때였다. 뜻밖에도 지상에서 스케이트보드가 내려왔다. 여덟 살 아이 헌터의 부모는 아들이 타고 있는 스케이트보드가 도움이 될 것이라며 내려준 것이다. 구조대원은 엎드린 채 스케이트보드를 타고 수월하게 배수구 안으로 진입할 수 있었다. 구조를 시작한 지 11시간 만이었다. 그리고 마침내 조이의 모습이 보이자 시민들은 환호성을 지르며 기뻐했다. 조이는 삼일 동안 갇혀 있으며 탈진과 피로로 인해 숨을 거칠게 내쉬었지만, 큰 부상은 없었다. 보호자 안드레아는 기적이 일어났다고 말했다.

구조대원들은 시민들의 지원과 격려에 큰 힘을 얻었다고 했다. 이 소식을 접한 사람들은 반려견 한 마리를 구하기 위해 동원된 인력과 장비도 놀라웠지만, 그 지원과 구조 작업을 결정하기까지의 동물을 대하는 시 당국의 결정과 높은 시민의식에 찬사를 보냈다. 구조대원들은 헌터에게 새로운 스케이트보드를 선물했다고 한다.

* 세상을 연결하는 가장 따뜻한 공감

사람들은 각자의 삶에 바쁘고, 남의 일에 관심을 두지 않으려 한다. 하지만 때로는 단 한 마리의 개를 위해 도시 전체가 움직이는 순간도 있다. 미국 텍사스의 작은 도시 알링턴에서 벌어진 구조 이야기처럼 말이다.

사람들이 이토록 한 마음으로 움직일 수 있었던 것은 바로 생명의 소중함과 그 생명이 느낄 힘듦과 아픔에 대한 공감이라고 생각한다. 사람들은 조이의 아픔을 자신들의 아픔처럼 느꼈고, 그 작은 생명이 가진 가치를 놓치지 않았다. 누군가의 고통에 민감하게 반응하는 사회는 아름다울 수밖에 없고 살기 좋을 수밖에 없다. 그 사회는 약자를 외면하지 않기 때문이다. 그렇게 타인의 아픔을 함께 느끼는 순간, 공동체는 다시 연결된다. 개인이 모여 우리가 되고, 그 우리가 모여 세상을 조금 더 따뜻하게 만든다. 다른 누군가의 고통에 무감각해지지 않는 것은 결국 인간다움을 지키는 일이다.

작은 개 한 마리를 구하기 위해 멈춰 서는 사람들 덕분에 우리는 잊고 있던 중요한 가치를 다시 꺼내어 보게 된다. 세상을 움직이는 힘은 결국 연결과 공감에서 나온다는 사실을 말이다. 세상이 차갑고 메말랐다고 느껴질 때, 우리 안의 작은 공감이 누군가에게 큰 희망이 될 수 있음을 기억하자.

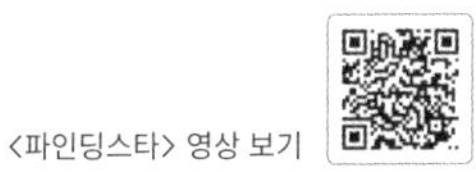
<파인딩스타> 영상 보기

4

우리를 감동시키는 이 땅의 생명들

"강아지들이 만약 사람이라면,

저에게 다시 왔을까요?

제 곁으로 돌아온 녀석들이 정말 고마웠어요!"

길 위에서 열린 반려견의 작은 생일파티

내 친구 생일을 진심으로 축하합니다

콜롬비아 산탄데르주 부카라망가의 어느 길거리 계단에 앉아 있는 한 청년을 가로등이 환히 비추고 있다. 그 청년은 25세의 호세 루이스 마토스로 오늘은 그에게 특별한 날이다. 바로 그의 둘도 없는 가족인 반려견 쉐기의 생일이다. 호세는 쉐기를 위해 생일 파티를 준비했지만, 남들처럼 근사한 장소에서 파티를 열 수는 없다. 그는 지난 10년간 노숙 생활을 해왔기 때문이다.

호세의 어린 시절은 불행했다. 부모의 학대를 견디지 못해 15세에 집을 나왔고, 그 후 어부로 일하며 생활보호 주택에서 지냈다. 하지만 어느 날 억울하게 도둑으로 몰려 그나마 있던 생활보호 주택에서 쫓겨나며, 다시 거리의 삶이 시작되었다.

힘들고 거친 거리 생활을 이어가던 그에게 어느날 뜻밖의 친구가 찾아왔다. '쉐기'라는 이름의 작은 반려견이 호세에게 다가와 꼬리를 흔들었다. 그 순간부터 둘은 가족이 되었다. 쉐기의 따뜻한 애정은 호세에게 큰 위로가 되었다.

둘은 늘 함께할 줄 알았지만, 갑자기 누군가 나타나서 쉐기가 자신의 반려견이라며 데려가 버렸다. 호세는 무척 당황했지만, 쉐기에게도 원래 주인이 있었을 거라는 생각에 아무 말도 못하고 쉐기를 보내주었다. 하지만 그날 이후 쉐기의 빈자리는 호세의 마음에 깊은 외로움을 남겼다.

그러던 중 어느 날 기적처럼 쉐기가 다시 돌아왔다. 당시 콜롬비아는 코로나19 팬데믹으로 인해 버림받은 유기견이 급증한 시기였다. 2021년 한 해에만 콜롬비아 수도 보고타에는 90만 마리가 넘는 유기견이 생겼고, 쉐기도 그중에 한 마리였다. 학대와 외로움의 고통을 너무도 잘 알고 있는 호세는 다시 돌아온 쉐기가 정말 반갑고 고마웠다. 이를 계기로 다시 함께하게 된 둘은 세상에서 가장 소중한 친구가 되었다.

이제 쉐기에게는 새 친구 '네나'도 생겼다. 오늘은 바로 쉐기의 생일이다. 호세는 거리에서 한 여성이 버리려던 케이크를 받아와 고깔모자와 양초를 사서 작은 생일 파티를 준비했다.

비록 근사한 곳은 아니지만, 한적한 계단에 앉은 호세는 쉐기와 네나에게 고깔모자를 씌워 주고 조심스럽게 케이크에 불을 밝혔다. 그리고 생일 축하 노래를 불러 주며 녀석들을 꼭 안아주었다.

"생일 축하해!"

우연히 이 장면을 목격한 한 여성은 이들의 모습을 고스란히 영상에 담았다. 그리고 '길거리 아름다운 생일 파티'라는 제목으로 SNS에 게시물을 올렸다. 자기도 힘든 삶을 이어가는 노숙자가 동물을 대하는 천사 같은 모습은 콜롬비아의 동물 애호가들에게 깊은 공감을 불러일으켰고, 이들의 마음을 사로잡으면서 호세는 콜롬비아의 일약 유명 인사가 되었다.

동물 애호가들은 호세가 자주 찾는 공원에 음식과 애견용품을 기부하고 자신들의 강아지와 함께 사진을 찍으며 호세와 그 반려견들의 행복을 빌어주었다.

* 세상 끝에서 만난 온기

노숙 생활을 하며 유난히 추운 세상을 사는 호세에게 다시 돌아온 쉐기는 그저 반려견이 아니라 삶의 유일한 온기이자, 희망의 불씨였을 것이다.

우리는 살면서 사람에게 상처받고 또 사람에 의해 좌절을 맛보기도 한다. 또다시 상처받는 게 두려운 사람은 자신을 꽁꽁 싸맨 채 어디론가 숨어 버리기도 한다. 이처럼 사람에게 또 세상에 상처받아 홀로서기 힘들 때 의외로 위로가 되어주는 존재는 사람이 아닌 동물일 때가 많다. 그들은 조용히 사람 곁에 다가와 따뜻하게 위로를 건넨다.

생일 축하 노래를 부르며 강아지를 꼭 끌어안은 호세의 눈에는 눈물이 맺혀 있었다. 그 눈물에는 너무도 고단했던 삶의 순간들이 담겨 있었다. 그리고 그의 곁을 지키고 있는 쉐기의 체온으로 호세는 얼어 있던 마음 한구석이 서서히 녹아내리는 것을 느꼈을 것이다. 세상이 자신을 외면해도, 모든 것이 등을 돌려도, 쉐기는 언제나 같은 자리에서 꼬리를 흔들며 곁을 지켜주었다.

개들은 사랑을 조건으로 걸지 않는다. 사람처럼 배신하지도, 이득을 따지지도 않는다. 오직 한결같이 곁에 머물며, 묵묵히 자신의 존재로 상대를 감싸줄 뿐이다. 그리고 그 단순한 사랑이 때로는 인간에게 받을 수 없는 가장 깊고 순수한 위로가 되기도 한다.

〈파인딩스타〉 영상 보기 

바다가 삶인 선장의 배에 갈매기 한 마리가 날아왔다.
우연히 시작된 그들의 특별한 우정은
무려 15년을 이어갔다.

선장과 새의 특별한 인연

이 갈매기와 저는 15년째 친구입니다

2005년 어느 날, 미국 버지니아주의 햄프턴 항구 메인 만에서 56세 어부 마코스키가 싱싱한 랍스터를 잡고 있었다. 묵직한 그물을 끌어올릴 때마다 펄떡 뛰는 고기들을 노리며 모여드는 수많은 갈매기는 이 순간을 놓치지 않는다. 그물에서 떨어진 생선을 즐길 시간이기 때문이다.

대부분 갈매기는 사람들과 거리를 유지한 채 배 속을 채우고 있지만, 한 갈매기만 유독 선장실 앞 창문으로 터벅터벅 걸어오고 있었다. 갈매기와 정면으로 마주친 선장 마코스키는 생선을 툭 하고 던져 주었다. 그

려자 갈매기는 기다렸다는 듯이 넙죽 받아먹고서는, 또 달라는 듯 선장의 곁을 계속 지키고 있다.

마코스키 선장은 녀석의 얼굴을 신기한 듯 유심히 쳐다보았다. 갈매기의 눈 주변에는 빨갛고 동그란 원이 그려져 있었다. 이날을 계기로 선장은 갈매기에게 '레드 아이'라는 애칭을 지어 주었다. 다음날에도 레드 아이는 마코스키 선장을 찾아 날아왔다. 레드 아이는 신기하게도 이곳 메인 만 항구의 많은 어선 중에 선장의 배를 기가 막히게 알아보았다. 그때부터 이들의 동화같은 인연은 시작되었다.

'레드 아이'는 언제든 어김없이 선장을 찾아냈고, 선장 마코스키는 수많은 갈매기 중 '레드 아이'를 금방 알아봤다. 출항을 하면 어김없이 찾아오는 어선의 부선장 '레드 아이'는 어두운 저녁에 환한 등대처럼 외롭지 않게 선장 마코스키를 지켜주었다. 마코스키 선장은 할아버지의 아버지 때부터 벌써 4대째 어부의 삶을 이어오고 있었다. 그는 갈매기를 '뱃길을 잃은 어부의 영혼'이라고 믿었다. 그래서 아마도 레드 아이가 그의 조상 중 한 명일 것이라 여겼다.

이들의 인연은 무려 15년을 이어왔다. 2020년 여름, 마코스키 선장은 71세가 되었다. 여전히 뱃머리에는 '레드 아이'가 있었지만, 그날따라 어딘가 이상해 보였다. 한쪽 다리로만 뱃머리에 서 있었는데, 왼쪽 다리가 마치 고무줄처럼 쭉 늘어져 부러진 것처럼 보였다.

마코스키 선장의 가슴은 미어졌다. 15년 지기 '레드 아이'가 부러진 다리로는 오래 살지 못할 거라는 생각이 들었다. 온전한 비행과 착륙이 어려울 뿐만 아니라 정상적인 먹이활동이 힘들기 때문이다. 하루빨리 녀석의 다리를 치료해야 했다.

그러나 갈매기의 습성상 녀석을 잡기가 여간 어려운 게 아니었다. 며칠간의 노력도 허사가 되어 포기할 뻔했지만, 결국 먹이로 유인하여 뜰채를 사용해 무려 3주 만에 '레드 아이'를 어렵게 붙잡았다. 그리고 치료차 야생동물센터로 신속히 보냈고, 선장은 당분간 외롭게 바다를 향해했다.

며칠 후 동물보호센터에서 연락이 왔는데, 레드 아이의 다리는 수술 후 잘 회복되고 있지만 먹이를 거부하며 적응을 못하고 있다고 전했다. 마코스키 선장은 잡은 생선을 가지고 급히 동물보호센터를 찾았다.

레드 아이에게 생선을 건네자 신기하게도 굶주린 허기를 달래며 움츠린 날개를 펴기 시작했다. 마코스키 선장은 그렇게 조금씩 회복하는 '레드 아이'가 무척 고마웠다. 그는 레드 아이의 부러진 다리를 보면서 어느덧 고령이 되어 버린 자신의 인생과 비슷하다고 느꼈다. 한평생 어부로 살았던 삶이 덧없이 느껴지며 마음 한구석이 쓸쓸하던 차였다. 그러나 건강이 조금씩 회복되는 레드 아이를 보면서 인생의 전환점에서 삶이 주는 의미를 다시 한번 느낄 수 있었다.

레드 아이와 마지막 항해를 하던 날, 선장은 부상에서 완전하게 회복한 레드 아이의 새장을 열어주었다. 그리고 드넓은 바다를 향해 날려 보냈다.

"이젠 너의 삶을 살아라!"

선장 마코스키는 15년간 동화 같은 삶을 함께했던 갈매기 '레드 아이'와의 실화를 책으로 출간했다. 어린이들이 자연에 조금 더 가까이 다가갈 수 있도록 진솔

하고 꾸밈없이 썼다고 했다.

마코스키와 레드 아이의 일화를 다룬 책

이들의 꿈같은 이야기는 여기서 끝이 아니었다. 동쪽 둥지 섬 방향에서 '레드 아이'가 나타났는데, 이번에는 혼자가 아니었다. 다른 갈매기와 한 쌍이 되어 찾아왔다. '레드 아이가 아마 부부가 되었을 것'이라며 마코스키 선장은 환한 미소로 반겨주었다.

레드 아이는 해 질 녘이면 둥지를 튼 섬으로 다시 돌아간다고 한다. 같이 날아온 갈매기에게도 이름을 지어줬는데, 레드 아이를 든든하게 지키고 보호해달라는 뜻으로 '영웅'이라고 불렀다.

* 말이 없어 더 깊이 전해질 때가 있다

우리는 늘 말을 주고받으며 관계를 맺는다.

말로 마음을 전하기도 하지만, 말로 오해가 생기기

도 하고 말로 관계가 엇갈리기도 한다.

어떤 말은 따뜻한 위로가 되지만, 어떤 말은 또 아무렇지 않게 상처가 되어 가슴에 꽂힌다.

그래서일까? 인생을 살면 살수록 오히려 말이 부담되고, 조심스러워지는 순간이 온다. 아무 말도 하지 않고, 누군가 조용히 곁에 있어만 주었으면 하는 순간이 종종 찾아온다.

동물들은 말이 없다. 그러나 말 없이 오가는 감정은 오히려 더 진실하다. 기대 없이 다가오고, 계산 없이 믿어주는 눈빛이 말보다 더 많은 것은 전해준다.

힘든 길일수록 누군가와 함께 걸을 수 있다는 건 큰 위안이 된다. 그 누군가가 사람이든, 동물이든, 서로 마음을 나누며 걷는 길은 덜 외롭고, 덜 두렵다. 말을 나누지 않아도 마음이 전해지고, 침묵 속에서도 서로를 느끼며 버틸 힘이 생긴다. 어쩌면 우리는 그 존재를 통해 진짜 마음을 배우는지도 모른다.

선장과 갈매기의 말없이 이어지는 마음의 연결은 세상에서 가장 순수하고 단단한 우정이 되었다.

거친 파도가 힘겹게 느껴지는 날, 선장은 옆에 함께

하는 존재가 있다는 사실만으로 위안을 얻을 수 있었을 거다. 그렇게 시작된 동행은 선장의 인생을 보듬고, 살아갈 힘을 얻게 했다.

<파인딩스타> 영상 보기 

어스름 저녁, 열차를 운행 중인
철도 기관사의 시야에 무언가 들어왔다.
선로에는 개 한 마리가 어렴풋이 보였다.
놀란 기관사는 경적을 연거푸 울려댔다.
그러나 그 개는 레일 끝에서 꼼짝하지 않았다.
그럴 수밖에 없었다.
녀석의 목줄이 철길에 묶여 있었기 때문이다.

이별을 앞둔 두 친구의 마지막 인사

잘 가, 친구야!

2012년 겨울의 영국 런던 외곽, 구조 요청을 받은 동물협회 대원은 어둠 속 철로 근처에 쓰러진 개를 가까스로 찾아냈다. 아나톨리아 셰퍼드인 녀석의 상태는 엉망이었다. 뒷다리는 부러졌고 심각한 통증과 출혈로 숨을 헐떡이며 고통스럽게 울고 있었다. 그나마 기차 바퀴에 묶여 있는 목줄을 끊고 달아나 큰 부상을 피할 수 있었다. 살아있는 게 기적이었다.

구조대는 개를 긴급하게 동물병원 응급실로 옮겼다. 온몸에 보이는 잔혹한 상처는 학대받은 흔적이 분명했고, 긴급한 수술이 필요했다. 의료진은 겁에 질린 녀석을 안아주며 안심을 시켰고, 긴 시간이 지난 후 수술이 끝난 셰퍼드의 모습이 보였다. 생명은 구했지만, 한 쪽 다리와 꼬리를 잃고 말았다. 구조대원은 녀석에게 '하치'라는 이름을 지어주며 정성껏 보살폈다.

사람에게 크게 배신을 당했지만, 하치는 이들로 인해 다시 한번 새로운 출발을 하게 되었다. 다리 하나가 없는 불편함도 지난날의 충격적인 악몽에 비한다면 이겨낼 만해 보였다. 그러나 시간이 지날수록 하치의 상황은 불안해졌다. 하치가 언제까지 보호소에 있을 수만은 없었다. 하치는 몸집이 크고 다리는 불편하며, 야생의 맹수에게서 양을 지킬 정도로 무는 힘도 강했다. 게다가 인간에게 상처까지 받은 하치를 입양하기 위해 손을 내미는 사람은 아무도 없었다.

동물보호소에 있는 하치

생사를 결정할 수 있는 건 불행히도 하치가 아니었다. 시간이 지날수록 하치의 남겨진 운명은 안락사였다. 하치는 본능적으로 겁에 질려 있었다. 안타까운 마음에 그를 구조했던 영국 왕립동물학대방지협회RSPCA는 마지막으로 페이스북에 하치의 사진을 올렸다.

'입양을 바라는 간절한 마음으로…….'

런던 인근의 '서리'에 사는 여덟 살 소년 오웬은 근육이 굳는 병을 앓고 있었다. 전 세계적으로 50명만이 있는 희귀 질환이다. 혼자서 제대로 몸을 가눌 수 없는 오웬은 집에서는 보행기로, 학교에서는 휠체어에 의존해야만 했다. 그러던 오웬이 어느 순간부터 외출하지 않으려 했다. 같은 반 친구들의 놀림에 깊은 상처를 받았기 때문이었다. 시간이 지날수록 오웬의 성격은 내성적으로 변했으며 기나긴 외로움과 싸워야 했다. 그러던 어느 날, 오웬의 집에 차 한 대가 도착했다. 차량에는 하치가 있었다. 오웬의 방문이 열리고 하치는 다리를 절뚝거리며 들어갔다. 그때 놀라운 일이 일어났다. 휠체어 앉아 있는 오웬은 하치를 보는 순간 말할 수 없는 깊은 교감을 느끼며 흐느꼈고, 온몸으로 하치를 안아주며 흐르는 눈물을 참지 못했다. 절망 속에서 이루어진 둘의 첫 교감은 형용할 수 없었다.

지난날 아들의 힘든 모습을 지켜본 엄마의 눈에 페이스북에 올라온 하치의 사진이 보였다. 오웬의 엄마는 새로운 시도를 해보기로 했다. 그 결정은 쉽지 않았다. 하치는 오웬보다 세 배가 무겁고 사람에게 학대받은 충격적인 기억이 있어 언제 돌변할지 모르는 상황이었기 때문이었다. 하지만 하치는 이 모든 선입견을 한 번에 무너뜨렸다. 마치 오웬의 약한 신체와 그 마음을 읽고 있는 것만 같았다. 하치는 서두르지 않으며 조심스럽게 오웬을 받아들였다.

"네 마음 나도 알아."

그날 이후 하치와 오웬의 우정이 시작되었고, 오

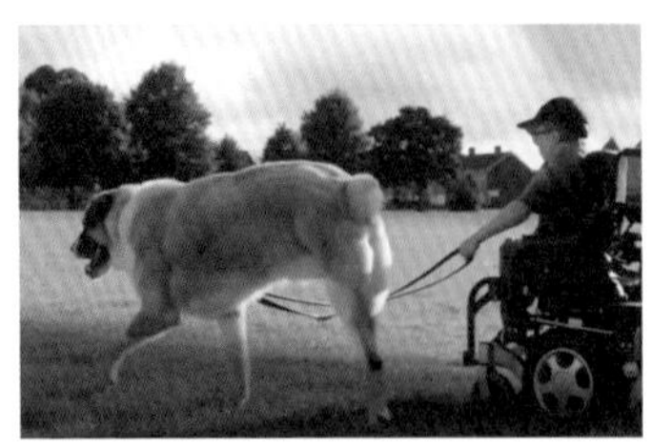

하치와 늘 함께하는 오웬

웬에게는 새로운 삶의 변화가 일어났다. 따돌림으로 집 밖에 나가는 것도 무서워했던 소년이 이제는 보란 듯이 하치와 함께 세상을 향했다.

사람들의 시선도 연민과 동정에서 미소와 놀라움으로 바뀌기 시작했다. 학대로 버림받아 철길에 목줄이 묶였고, 입양 받지 못해 안락사라는 생의 끝자락에 있던 하치는 믿을 수 없을 정도로 사람에 대한 무한 신뢰를 보여 주었다. 약하고 왜소한 오웬을 받아들이며 상처를 보듬어 주었다. 둘만의 독특한 유대감을 통해 현실을 이겨내는 두 친구의 우정은 눈부시도록 아름다웠다.

그렇게 7년의 세월이 지났고, 2020년 코로나 팬데믹 시대에 오웬은 원활한 산소 공급을 위해 안전한 장소로 옮겨야만 했다. 처음으로 하치와 생이별을 하며 서로의 건강을 응원했다. 오웬이 곁에 없는 하치를 그리워하는 동안 하치는 하염없이 창가를 바라보며 오웬을 기다렸다. 그리움이 쌓이는 동안 하치의 컨디션은 급속히 나빠졌고, 오웬과 헤어진 지 1년 만에 암에 걸려 무지개다리를 건너고 말았다. 오웬은 하치가 이 세상에 없다는 사실을 받아들이기 힘들었다. 한동안 슬픔을 이겨내지 못한 오웬이 세상에 모습을 드러내며 말했다.

"저는 낯선 사람들이 무서웠어요. 그러다 하치를 만난 순간 제 생각이 바뀌었어요. '다리 하나가 없는데도 이렇게 강한 모습을 보니 나도 할 수 있겠다'라는 생각을 했어요. 이젠 저도 강해졌어요. 이겨낼 거예요. 하치야, 사랑해!"

그리고 하치에게 이런 말을 남겼다.

"너와 함께 보내는 날은 언제나 최고의 하루였어! '잘 가'라고 말하기가 너무 아쉬운 친구가 있다는 게 내게 얼마나 큰 행운인지 모르겠어!"

* 서로의 아픔을 어루만지는 마음의 연결

삶에서 받은 상처는 때로 깊고 어두워 혼자서는 쉽게 헤어 나올 수 없을 만큼 힘겹다. 그러나 그렇게 얻은 힘든 상처는 뜻밖에도 누군가의 아픔을 이해하는 데 아주 큰 도움이 된다.

서로의 상처를 알아볼 때 우리의 마음과 마음은 연

결된다. 겉으로 드러나지 않아도 비슷한 아픔을 알아채고, 말하지 않아도 서로의 고통을 느낄 수 있다. 그렇게 마음이 이어지면, 우리는 처음으로 치유할 수 있다는 희망을 본다. 그렇게 서로를 위로하고 의지하며, 조금씩 삶을 변화시키려고 한다.

사람은 누군가와 함께일 때 훨씬 강해진다. 서로에게 손을 내미는 순간, 비로소 혼자가 아니라는 사실을 깨닫고 그 관계 속에서 스스로를 뛰어넘게 된다. 때로는 자신이 겪는 고통을 남들이 완벽히 이해할 수 없다고 생각하며 스스로 가두기도 한다. 그러나 단 한 사람이라도 나의 아픔을 진심으로 이해하고 공감해 준다면, 그 순간부터 세상은 완전히 달라질 것이다. 나를 이해해 주는 단 하나의 존재만으로도 우리는 삶을 계속 이어갈 힘을 얻는다.

다른 사람에게 자신의 마음을 열고 다가가는 일이 쉬운 일은 아니다. 하지만 그 용기를 내었을 때 우리 삶은 더욱 풍요로워진다. 서로에게 의지하고 기대며 함께 걸어가는 그 길에서 우리는 다시 살아갈 이유와 의미를 찾는다.

우리가 가진 상처와 고통이 누군가의 삶에 변화의 계기가 될 수 있다는 걸 기억하자. 결국, 우리를 다시 일으켜 세우는 건 화려한 위로가 아니라 진심 어린 공감과 연결이다. 그래서 지금 누군가와 함께 걷고 있다면, 당신은 이미 충분히 강하고 아름다운 사람이다.

<파인딩스타> 영상 보기

순찰 중인 국립공원 관리인의 눈에
처참한 광경이 들어왔다.
수백 마리의 순록들이 뒤엉킨 채 죽어있었다.

대자연의 신비

생태계 모든 것은 연결되어 있습니다

2016년 가을, 노르웨이 툰드라 지역의 하르당에르비다 국립공원의 날씨는 종잡을 수 없었다. 맑은 하늘이 갑자기 어두워지더니 굵은 비가 몰아치기 시작했다. 흠뻑 젖은 땅 위에 푸른 초원을 찾아 이동하던 순록 무리는 안절부절못하며 가까이 붙어 서로를 보호하려 했다. 그 순간, 하늘에서 섬광이 번쩍이며 순식간에 벼락이 젖은 땅에 내리꽂았다. 불행히도 323마리의 순록 무리는 그 자리에서 모두 급사하고 말았다.

얼마 후 하르당에르비다 국립공원을 순찰 중인 한 관리인의 눈에 처참한 광경이 들어왔다. 수백 마리의 순록들이 뒤엉킨 채 죽어있었다. 처음에는 기절한 것으로 생각했다. 몸에는 상처가 하나도 보이지 않을 정도로 깨끗했기 때문이었다. 하지만 한 번에 이렇게 많은 순록 사체를 본 것은 관리인도 처음이었다.

뉴스를 접한 시민들도 어떻게 된 영문인지 궁금해 했다. 그리고 이 순록 사체들을 어떻게 처리할 것인지도 논란이 일었다. 며칠 전 쏟아진 폭우와 번개가 순록의 사망 원인으로 추정된다는 노르웨이 주무부서의 보도가 나왔다. 그러나 어쩐 일인지 당국은 부패하고 있는 순록 사체를 한 마리도 수거하지 않았다. 사실 국립공원 당국은 순록 사체의 처리 방법을 두고 거듭된 고

하르당에르비다 국립공원에서 발견된 323마리 순록 사체

민과 회의 끝에 다음과 같은 결정을 내렸다. 대자연의 생태계에서 이 수많은 순록의 사체들은 끝이 아니며 또 다른 생명을 이어주는 시작이라 판단했다.

날씨와 같은 기후 변화의 일부인 벼락도 자연현상의 한 요소이므로, 순록 사체를 그대로 두어야 하며 생태계에 인간이 개입해서는 안 된다는 주된 논리가 있었다. 그러나 이에 반대하는 단체들은 이 결정에 심각한 비판을 제기했다. 사체를 방치한다면, 쥐와 같은 설치류가 생태계를 악화시키고, 이로 인해 자연 경관이 훼손되는 것은 시간 문제라는 것이 그들의 주장이다. 그런데도 국립공원 측은 기존 입장을 고수하며, 323마리의 순록 사체를 자연 생태계에 맡기기로 했다.

3년이 흘렀다. 노르웨이 대학교의 셰인 프랭크와 연구진은 순록의 떼죽음 이후 3년간의 생태계 변화를 면밀히 관찰하여 기록했다. 그리고 마침내 이 지역 생태계 변화를 다룬 논문을 영국 왕립학회와 생물학 학술지에 게재했다. 그 결과는 놀라웠다.

"순록 사체가 있는 고원은 단 1분도 빈틈이 없었습니다."

"많은 생명이 이렇게 빨리 소멸하는 것을 보며 한 편으로는 슬픈 마음도 들었습니다."

수석 연구원 세인 프랭크는 3년간 직접 지켜본 생태계의 빠른 변화에 대한 놀라운 소감을 밝혔다.

그들은 해발 1,220m 고원에 카메라 트랩을 설치하면서 사체에 몰려드는 야생 동물들을 관찰해 왔었다. 그 결과 여우, 까마귀, 독수리 등 사체를 먹고 사는 동물에게 순록은 풍부한 먹이를 제공했다. 이로 인해 육식성 조류가 몰려들면서 우려했던 쥐와 같은 설치류의 급증은 없었다.

환경에 대한 변화는 그뿐만이 아니었다. 부패된 사체로 인해 기존 토양은 산성으로 변모되면서 식물에도 큰 변화가 생겼다. 순록 사체의 배설물에는 다양한 영양소가 포함된 씨앗으로 가득 차 있었다. 그리고 그 씨앗은 곤충과 유충의 훌륭한 먹잇감이 되었다. 또한 이들 곤충과 유층은 행동 반경이 넓은 조류의 먹잇감으로 이어지면서 널리 퍼지게 되었다.

더욱이 사체를 먹었던 야생 동물들도 멀리 이동하면서 변을 보았다. 결과적으로 이들의 배설물을 통해 식물의 개체수에도 큰 변화를 주었다. 대표적으로 검은 툰드라 지역 곳곳에 보이는 검은시로미가 발아하며 고산 툰드라의 주요 식물로 자리 잡았다. 그 이후 검은시로미는 먹이 사슬의 중요한 역할을 하기 시작했다. 이를 연구한 수석연구원인 셰인 프랭크는 이렇게 말했다.

"시간이 지나면서 순록의 부패가 진행되고 분해가 되면서 이들의 죽음이 어떤 의미가 있는지 그 엄숙함을 느끼게 되었습니다. 생태계 모든 것은 연결되어 있고, 원처럼 순환됩니다."

이어서 그는 생태계에 인간이 개입해서는 안 된다는 자연의 불문율은 지켜져야 할 것이라고 말했다.

툰드라의 주요 식물이 된 검은시로미

자연의 신비와 인간의 한계

인간은 오래전부터 자연을 탐구하고 그 신비를 밝히기 위해 끊임없이 노력해왔다. 밤하늘의 별을 연구하고, 대양의 깊이를 탐험하며, 미생물의 세계까지 파고들었다. 기술이 발전하면서 우리는 자연을 이해하고 통제할 수 있다는 자신감에 차 있었다. 그러나 자연은 여전히 인간의 예측을 비웃듯 거대한 비밀을 품고 있다.

자연은 질서와 혼돈을 동시에 품고 있다. 사계절이 순환하고, 씨앗이 흙 속에서 움트는 모습은 자연의 질서다. 그러나 때로는 예고 없이 찾아오는 태풍, 갑작스러운 화산 폭발, 예측 불가한 지진은 자연이 가진 혼돈의 모습이다. 우리는 이 두 가지 얼굴을 온전히 이해하려 애쓰지만, 그 경이로움과 위력 앞에서 여전히 무력함을 느낀다.

인간은 자연을 길들이고 싶어 한다. 강을 댐으로 막고, 산을 깎아 도로를 내며 바다를 메워 도시를 만든다. 그러나 자연의 힘이 한번 폭발하면 우리는 그 앞에서 아무것도 할 수 없다. 태풍이 도시를 휩쓸고, 지진이 건물을 무너뜨릴 때 우리는 자연 앞에서 얼마나 작은 존재인지 깨닫는다. 결국 자연은 스스로의 방식을 통해 균형을 찾고 순환한다.

특히 생태계는 인간이 쉽게 개입할 수 없는 복잡하고 정교한 구조로 이루어져 있다. 특정 동물 하나의 개체수가 변하면 연쇄적으로 다른 생명체에게도 영향을 미친다. 포식자가 줄어들면 먹잇감이 늘어나고, 그로 인해 식물이 사라지며 토양이 황폐해진다. 이게 바로 인간이 자연의 조화에 개입할 때 예상치 못한 결과를 맞이하는 이유다.

최근 몇 년간 자연을 연구하는 학자들은 생태계 보존의 중요성을 강조하면서도 한 가지를 경계하고 있다. 바로 자연을 인간의 이익에 맞추어 해석하려는 시도다. 자연은 그 자체로 완전하다. 특정 종이 사라진다 해도, 그 공백을 채우기 위해 다른 종이 등장하고, 생태계는 스스로 새로운 균형을 찾는다. 인간의 인위적인 개입이 오히려 그 균형을 무너뜨릴 때가 많다.

자연의 신비는 우리가 그저 이해하고 분석할 대상

이 아니라 경외와 존중으로 바라보아야 할 대상이다. 자연은 때로는 가혹한 얼굴을, 때로는 경이로운 모습을 보여주지만, 우리는 그 앞에서 겸손해질 필요가 있다. 자연을 존중하며 그 흐름에 귀 기울일 때, 비로소 자연과 인간이 함께 공존할 수 있는 길이 보인다.

인간의 한계를 인정하는 순간, 자연은 더 깊고 넓게 보인다. 그 신비를 완전히 밝히려 애쓰지 않고, 그저 있는 그대로 받아들이는 것이야말로 자연 앞에서 인간이 가져야 할 태도일 것이다.

<파인딩스타> 영상 보기

영하 60도의 남극.

겨울 중 가장 춥다는 혹한의 날씨에 남극의 상징인 펭귄들의 혹독한 삶을 영상으로 촬영하는 다큐멘터리 제작진은 갑자기 매서운 눈보라에 폭풍까지 덮치자 잠시 촬영을 중단했다.

카메라를 놓고 삽을 든 제작진

생태계 개입 금지라는 불문율을 어겼습니다

눈보라를 피하기 위해 고개를 돌리는 순간, 촬영 감독 맥 그레이의 눈에 처참한 광경이 들어왔다. 앞으로 벌어질 상황은 더욱 끔찍해 보였다. 최근 보기 드문 강추위는 인간만이 느끼는 게 아니었다. 빙판으로 얼어붙은 협곡 아래에는 미처 나오지 못한 수십 마리의 펭귄 무리가 갇혀 있었다.

그나마 협곡을 오르는 녀석들마저도 다시 미끄러져 아래로 떨어졌다. 이미 동사한 아기 펭귄의 주검들도 딱딱하게 굳은 채 눈보라 속으로 들어가고 있었다. 남극을 강타한 예상치 못한 강추위는 쉽게 멈출 것 같지 않았다. 눈보라는 더욱 거세게 휘몰아치며 살아있는 생명체를 위협하고 있었다.

가파른 협곡에 고립된 펭귄들의 생사는 장담할 수 없었고, 혹한과 허기로 결국 펭귄들은 이곳이 마지막이 될 거라는 생각에 제작진 모두 침묵할 수밖에 없었다.

제작진은 그냥 지켜볼 수밖에 없었다. 생명과 자연의 생생한 모습을 영상으로 담아야 하는 다큐멘터리의 원칙에는 '생태계에 인간이 함부로 개입해서는 안 된다'라는 불문율이 있기 때문이다. 그러나 생사의 갈림길에 선 이들의 운명을 눈앞에서 그냥 두고 볼 수만은 없

혹한과 허기로 지친 펭귄들

었다.

한 마디로 떼죽음은 시간 문제였다. 아빠의 주머니에서 보호되어야 할 새끼 펭귄들이 얼어죽는 모습을 보며 제작진은 결정을 내려야 했다. 결국 인간이 대자연의 생태계에 개입하기로 했다.

시야를 가릴 정도의 눈보라가 계속 얼음으로 변하고 있었다. 제작진은 서둘러 카메라 대신 손에 로프와 삽을 쥔 채 얼음으로 뒤덮인 눈 언덕을 내려갔다. 그리고 협곡 안으로 들어가 녀석들이 이동할 수 있도록 최소한의 길을 만들기 위해 경사로를 파기 시작했다.

다만, 협곡을 벗어나는 것은 펭귄들의 자유 의지에 맡기기로 했다. 가파른 협곡에 길이 열리자, 놀라운 일이 벌어졌다. 고맙게 녀석들은 똑똑하고 현명했다.

펭귄들은 일렬로 줄 맞추어 협곡을 오르고 있었다. 모두가 대열에 합류해 가파른 길을 촘촘한 걸음으로 올라가고 있었다. 그 모습에 제작진 모두 환호성과 함께 기쁨의 눈물을 흘렸다. 본사로 돌아온 다큐멘터리 제작진에게 BBC는 이들의 결정에 의외의 찬사를 보냈다.

협곡을 빠져나오고 있는 펭귄들

'선택은 단 두 가지, 하나는 도와서 그들을 구조하거나 아니면 죽도록 내버려두는 것'

BBC는 '자연에 개입하지 않는다'라는 불문율을 어겨야 하는 어려운 선택임에도 이들의 결정을 존중한다고 했다.

"그들을 돕기 위해 개입해 행동하는 것보다 고통받고 죽어가는 모습을 지켜보는 것이 더 힘들었다."

✱ 때로는 냉혹한 자연의 섭리

대자연의 순리를 지키기 위해 인간은 개입하지 않는 것이 원칙이다. 자연 속에서 일어나는 생명의 탄생과 죽음, 생태계의 순환을 인간의 손으로 바꾸려는 시도는 종종 비판받는다. 그러나 때로는 그 불문율을 어길 수밖에 없는 순간이 있다. 극한의 상황 속에서 생명의 고통을 정면으로 마주할 때, 우리는 과연 어떻게 해야 할까?

다큐멘터리 제작진이 남극에서 촬영하던 중 펭귄 무리가 얼어 죽어가는 모습을 발견했다. 원칙적으로 다큐멘터리는 자연 그대로의 모습을 담아야 한다. 인간의 개입은 금기다. 그러나 펭귄들이 한 마리씩 얼어 죽어가는 처참한 상황을 마주한 제작진은 결국 불문율을 어기고 삽을 들었다. 얼어붙은 협곡을 파서 길을 만들었고, 펭귄들은 줄지어 협곡을 빠져나왔다.

이 이야기는 자연과 인간의 관계에 대해 깊은 질문을 던진다. 자연 그대로 두어야 하는 상황과 인간이 개입해야 하는 상황의 경계는 어디일까?

자연의 섭리는 때로 냉혹하다. 그러나 그 냉혹함이 당연하다고 해서 우리가 반드시 무관심해야 한다는 뜻은 아니다. 우리는 다른 생명체의 고통을 외면할 수 있을 만큼 강한 존재가 아니다. 눈앞에 펼쳐진 고통에 대해 아무것도 하지 않는 것이 오히려 비인간적일 때가 있다.

가끔 원칙과 현실 사이의 딜레마와 마주할 때가 있다. 옳다고 믿는 원칙을 고수할 것인가, 아니면 눈앞의 고통을 줄이기 위해 조금이라도 행동할 것인가? 이 질문은 쉬운 답을 요구하지 않는다. 그러나 적어도 한 가지는 분명하다. 인간다움이란 때로 규칙을 깨면서까지 생명을 살리려는 선택에 있다는 것이다. 자연 앞에서 인간은 늘 겸손해야 하지만, 동시에 인간다운 감정에 충실해야 할 때도 있다.

우리가 자연을 존중한다는 것은 그저 관찰자로 남는 것이 아니라, 자연 속 생명을 지킬 수 있는 책임감도 함께 가져야 함을 뜻한다.

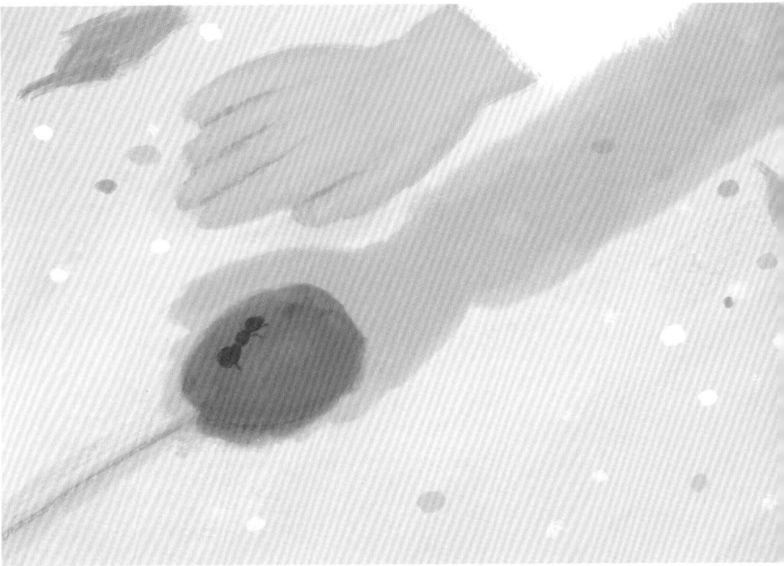

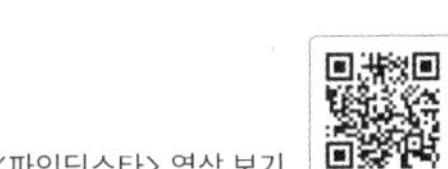

〈파인딩스타〉 영상 보기

5

우리가 기억해야 할 이야기

동점인 가운데, 경기 종료를 앞두고
자유투를 허용하고 말았다.
첫 번째 슛이 들어가고, 82 대 81로
스코어가 역전되었다.
패색이 짙은 가운데 경기 종료 2.2초를 남겨두고
상대팀은 마지막 자유투를 던졌다.
이제 남은 시간은 단 1초…….

특별한 사람을 위해 뛴 경기

이 농구공에는 친구의 이름이 적혀 있습니다

미국 노스캐롤라이나주, 고교 농구 라이벌전을 앞두고 '비숍 맥기네스' 팀의 농구 감독인 톰슨은 연습 중인 선수들을 모두 불러 모았다.

"이번 결승전은 모두에게 큰 의미가 있는 경기다. 응원을 해준 우리 지역의 시민들뿐만 아니라 너희 자신에게도 말이다. 최고의 결과를 내면서 결승에 오기까지 나는 큰 자부심을 느낀다. 마지막 경기인 만큼 각자 마음속에 있는 한 사람을 정하자. 누구를 생각해도 괜찮다."

자신에게 가장 소중한 사람을 생각하고 그 사람

을 위해서 이번 경기를 뛰자는 멘탈을 강조하는 감독의 지략이었다.

“그리고 마음을 결정했으면 이 볼에 각자 그 이름을 직접 적도록 해.”

선수들은 각자 의지를 담아 특별한 사람의 이름을 잘 보이도록 정성껏 눌러썼다. 비숍 팀의 가드를 맡고 있는 스펜서 윌슨은 볼에 ‘조쉬’라는 이름을 짙게 적었다. 스펜서는 볼에 이름을 적고 난 후 누군가에게 메일을 썼다. 수신인은 친구 조쉬의 어머니였다.

‘안녕하세요, 조쉬 친구 스펜서입니다. 조쉬가 너무 보고 싶습니다. 제게는 정말 특별한 친구였어요. 조쉬의 미소가 항상 제 방을 밝게 비춰 주고 있습니다. 어머니, 조쉬는 제 삶에 정말 큰 의미가 있는 친구예요. 이번 경기는 조쉬를 위해 뛸 게요. 지켜봐 주세요.’

사실 ‘스펜서’와 그의 친구 ‘조쉬’는 한 가지 공통점이 있었다. 둘 다 암 선고를 받은 전력이 있었다. 차이점이 있다면 스펜서는 암을 이겨냈고, 친구 조쉬는 그렇지 못했다. 조쉬는 불과 9개월 전에 세상을 떠나고 말았다. 스펜서의 메일을 받고 "눈물을 감출 수 없었어요."라고 말한 조쉬의 엄마는 "아들의 기분을 잘 알고 이해한 친구는 아마도 스펜서 밖에 없었을 거예요."라며 돈독했던 둘의 우정을 전했다.

스펜서는 감독님이 준 볼에 조쉬의 이름이 잘 보이도록 금색으로 적어 놓았다. 그렇게 팀 비숍 선수들의 의지를 담은 상징적인 볼이 완성되었다. 결승전이 있던 날, 라이벌 팀과의 경기인 만큼 선수들의 의지는 대단했다. 관중들은 좌석을 가득 메운 체 긴장과 환호로 손에 땀을 쥐게 만들고 있었다. 박빙의 승부가 되면서

친구 조쉬의 이름을 적은 농구공

경기 종료 시간이 거의 임박했다.

현재 스코어는 81 대 81, 팀 비숍의 톰슨 감독이 작전타임을 외쳤다. 전술을 재정비하며 마지막 작전 지시를 내렸다. 그리고 동그랗게 머리를 맞댄 선수들에게 볼을 내밀었다. 그 볼은 경기 전에 만들어 놓은 상징적인 헌정 볼이었다.

선수들은 각자가 쓴 이름에 손을 얹고 파이팅을 외쳤다.

"가자 비숍, 비숍, 파이팅!"

그러나 승리의 여신은 상대팀을 향해 웃고 있었다. 경기 종료 2.2초를 남겨두고 뼈아픈 자유투 두 개를 내줬기 때문이다. 침묵이 흐른 채, 첫 번째 자유투가 들어가고 패색이 짙어졌다. 스코어는 82 대 81로 역전되었다. 상대팀의 자유투가 하나 더 남았다.

마지막 자유투를 '슛' 한 순간, 공이 골대를 맞고 튕겨 나왔다. 전광석화처럼 리바운드를 잡은 팀 비숍은 볼을 잡자마자 순식간에 스펜서에게 공을 어시스트했다. 전광판에 남은 시간이 1초에서 0으로 향하는 순간, 스펜서는 골대를 향해 먼 거리에서 과감하게 공을 던졌

기적처럼 3점 슛을 만들어낸 팀 비숍

다. 그 순간 기적이 일어났다. 공은 골망을 그대로 흔들었고, 동시에 경기 종료 부저가 울렸다.

골인! 3점 슛이 들어갔다.

순식간에 경기를 뒤집은 팀 비숍. 믿을 수 없는 경기 결과에 선수도, 관중도 코트로 쏟아졌고 스펜서도 흥분을 감추지 못했다. 이날의 경기는 미 고교 농구 역사상 가장 흥미진진한 경기로 기록되었다. 스펜서는 인터뷰를 통해 이 기적의 슛은 친구 조쉬가 스펜서에게 보내준 우정의 선물이라고 말했다.

"조쉬의 삶에 대한 열정이 저를 이끌었습니다."

슛을 던진 그 순간에 조쉬가 집중할 수 있는 힘을 준 것 같다고 전했다. 선수들의 기술과 피지컬 그리고 경기 결과를 넘어서 게임에 나서기 전에 잊지 말아야 할 멘탈의 힘을 보여준 경기였다.

> 강해질 수밖에 없는 상황이 되기 전에는 자신이 얼마나 강한지 모른다.
>
> – 밥 말리(Bob Marley, 자메이카 뮤지션)

* 마음의 힘이 필요한 순간

삶에서 강해질 수밖에 없는 순간은 누구에게나 찾아온다. 중요한 시험, 경력의 변화, 사랑하는 사람과의 이별, 혹은 간절히 이루고 싶은 꿈 앞에서 예상치 못한 어려움과 마주하고, 마음 깊숙이 자리 잡은 두려움과 싸워야 할 때가 있다. 이런 순간마다 우리는 '과연 이 일을 해낼 수 있을까?' 스스로 묻곤 한다.

때로는 한없이 작아지기도 한다. 그럴 때마다 우리

를 일으켜 세우는 건 화려한 결과가 아니라, 최선을 다하고 싶은 마음 그 자체다. 진정한 승리는 결과보다 마음을 다한 순간 이미 시작된다.

지금 걷고 있는 이 길이 어렵고 막막할지도 모른다. 하지만 그때마다 강해져야 하는 상황이 찾아왔음을 알아차려야 한다. 우리에게 이미 그것을 극복할 힘이 있으며, 때로 우리는 스스로 알고 있는 것보다 훨씬 더 강한 존재일 수 있다. 마음을 다해 나아갈 때, 우리는 그 어려움의 끝에서 반드시 성장한 자신을 발견하게 된다. 두렵고 불확실한 상황에서도 우리는 대부분 그 순간을 마주해 당당히 이겨내고, 그렇게 조금 더 단단해진다.

결국, 삶을 살아가는 힘은 마음에서 나온다. 그 마음이 지친 일상에 작은 용기를 주고, 때로는 큰 변화를 만들어낸다. 지금, 이 순간에도 우리는 충분히 강하고 아름답게 살아가고 있다.

〈파인딩스타〉 영상 보기 

세 시간째 같은 지역을 선회하고 있는 여객기,
착륙 장치가 고장이 난 이 여객기의 상황은 고스란히
한 방송사에 의해 라이브로 송출되었다.
삶과 죽음의 경계에 선 승객들의 기내 상황은
형언할 수 없는 공포 그 이상이었다.

마지막 선택이 만든 변화

삶과 죽음의 경계에서 깨달았습니다

2005년 9월 21일, 미국 로스앤젤레스 할리우드 밥 호프 공항에서 승객 140명과 승무원 6명을 태운 뉴욕행 제트블루 292편 여객기가 순조롭게 이륙했다. 그러나 이륙 후 얼마 지나지 않아 조종실 중앙 컨트롤 모니터에서 갑자기 경고음이 요란하게 울리기 시작했다. 항공기의 앞바퀴 랜딩기어가 정상적으로 접히지 않았다는 경고였다. 무엇보다도 외부 착륙 장치의 실제 상태를 육안으로 신속하게 확인하는 것이 급선무였다.

제트블루 292편의 기장은 곧바로 지상 관제사와 긴급 교신을 시작하며 항공기를 우회 비행시켰다. 동시에 관제탑 상공을 낮게 통과하며 지상 관제실에서 직접 착륙 장치 상태를 확인할 수 있도록 유도했다. 상황의 심각성을 인지한 관제실도 즉시 대응책 마련에 나섰다. 때마침 현장에 접근한 한 방송국 헬기가 제트블루 292편의 착륙 장치를 망원렌즈로 촬영하는 데 성공했고, 곧 충격적인 사실이 드러났다. 항공기의 앞바퀴가 정상 위치에서 왼쪽으로 90도 꺾인 채 고정된 최악의 상태였던 것이다.

기장은 이 상태로 목적지인 뉴욕까지 비행하는 것이 불가능하다고 판단했다. 결국 출발지인 밥 호프 공항으로 돌아가는 대신 로스앤젤레스 국제공항에 긴급 착륙하기로 결정했다. LAX는 긴 활주로와 체계적인 비상 대응 시스템을 갖추고 있어 비상 착륙을 위한 최적의 장소였다.

이제 가장 중요한 문제는 비상 착륙 시 항공기의 중량을 최대한 줄이는 일이었다. 특히 연료가 가장 큰 위험 요소였다. 항공기가 이륙한 지 불과 몇 분 만에 결함이 발생했기에, 기체 내부는 거의 가득 찬 연료로 인해 비상 착륙 시 폭발이나 화재의 위험성이 매우 높았다. 이에 기장은 비상 착륙 중 발생할 수 있는 사고의 위험을 최소화하기 위해, 가장 안전하고도 효율적인 방법으로 착륙 중량을 최적의 상태로 조정하기 시작했다.

기장은 공중에서 항공기를 선회하며 연료를 소모하기로 결정했다. 이를 위해 제트블루 292편은 무려 3시간 동안 상공에 머물러야만 했다. 시간이 흐를수록 기내에 있던 140명의 승객들은 점점 극도의 긴장 상태에 빠졌다. 모두가 무사 착륙을 간절히 기도하는 가운데, 어떤 승객들은 카메라를 꺼내 기내의 긴박한 상황을 촬영하기도 했다. 심지어 몇몇은 혹시나 가족들에게 마지막이 될지도 모르는 작별 인사를 영상으로 남기고 있었다.

한편, 지상에서는 방송 매체들이 제트블루 292편의 긴급 상황을 실시간으로 생중계하기 시작했다. 기내 승객들은 항공기에 장착된 위성 TV를 통해 자신들이 처한 상황을 생생히 지켜볼 수 있었다. 기내의 긴장감은 순식간에 극도의 혼란과 공포로 치달았다. 몇몇 승객들은 흐느껴 울기 시작했고, 기내는 혼돈에 휩싸였다.

삶의 마지막 순간일지도 모른다는 절박감에, 기내

에서는 가족과 친척에게 마지막 메시지를 보내거나 불가능한 통화를 계속 시도하는 안타까운 상황이 이어지고 있었다. 이들 가운데는 영화 시나리오 작가 '자크 딘'도 있었다. 형용하기 어려운 공포와 절망이 비행기 안을 가득 채우고 있었다.

승객과 승무원 146명의 운명은 오직 한 사람, 바로 조종사의 손에 달려 있었다. 나머지는 그저 하늘에 맡겨야 하는 상황이었다. 지상에서는 비상 착륙 시 충돌 가능성에 대비한 긴급 구조팀과 의료진이 총동원되었으며, 혹시 바다에 불시착할 경우를 대비한 해상 구조대와 선박들까지 모든 장비와 인력이 긴장 속에 대기하며 만반의 준비를 갖췄다.

마침내 항공기의 연료가 거의 바닥나자 착륙해야 할 시간이 다가왔다. 90도로 꺾인 채 고정된 앞바퀴 착륙 장치가 얼마나 버틸지, 기체의 균형이 무너지진 않을지, 마찰로 인한 스파크가 연료에 불을 붙이지는 않을지, 상상하기 싫은 수많은 위험이 눈앞에 기다리고 있었다. 이제 운명을 결정할 긴박한 순간이었다. 하지만 조종사는 노련하고 침착했다. 그는 최대한 오랫동안 뒷바

퀴만으로 기체의 균형을 유지하며 천천히 착륙을 시도했다.

천천히, 아주 천천히 앞바퀴가 활주로에 닿는 순간, 강렬한 스파크와 함께 화염이 치솟았다. 순식간에 앞바퀴 전체가 거대한 불길에 휩싸였고, 기내는 다시 한번 아수라장이 되었다. 조종사는 기체의 속도를 줄이며 균형을 잡기 위해 안간힘을 다했다. 그리고 마침내 항공기가 멈춰 섰다.

기적처럼 승객과 승무원 146명 전원이 무사했다. 탑승객들은 서로를 끌어안고 눈물을 흘리며 살아있음에 환호했다. 최악의 상황에서도 끝까지 침착함을 잃지

부상자 한 명 없이 여객기 계단을 통해 내려온 탑승객들은 모두 가족들의 품에 안겼다

조종사 스캇 버크는 “기체가 착륙할 때 중앙선에서 15센티미터 정도 벗어난 것을 유감스럽게 생각한다”며 겸손한 농담을 던졌다.

않고 기지를 발휘한 제트블루 292편의 조종사, 스캇 버크의 뛰어난 판단력과 숙련된 조종술이 최선의 결과를 만들어낸 순간이었다.

“삶과 죽음의 경계에 선 순간
인생을 되돌아보게 된다.”

삶을 깨우는 순간들의 힘

제트블루 292편의 승객들이 느꼈을 공포와 절박함까지는 아니더라도, 우리 각자의 인생에는 시간이 멈춘 듯한 순간들이 있다. 중요한 시험을 앞둔 밤, 직장에서의 예기치 못한 위기, 소중한 이와의 갈등, 또는 갑작스러운 건강의 적신호 등의 순간들이 찾아오면 우리는 살아있다는 것이 얼마나 경이로운 일인지, 매 순간 숨 쉴 수 있다는 게 얼마나 감사한 일인지 깨닫는다. 그런 일을 겪고 나면 아침 햇살, 차 한 잔의 따스함, 사랑하는 이의 목소리, 이 모든 작은 일상의 조각들이 새롭게 보일 것이다. 그때부터는 현재에 온전히 머물며 그 순간을 충만하게 경험하게 되고, 비로소 살아있음의 깊이를 체험한다. 이는 위기가 우리에게 주는 선물이기도 하다.

만약 제트블루 292편의 승객들처럼 위기의 순간을 무사히 지나고 그다음 날 눈을 떴다면 가장 먼저 어떤 생각이 들까? 그날의 아침은 무엇이라도 다시 시작할 수 있는 백지와도 같은 상태일 것이다. 위기의 폭풍을 지나 다시 일어섰을 때, 완전히 새로운 눈으로 세상을 바라볼 특별한 시각을 얻는다. 잠시 엄청난 행운으로 인생의 두 번째 기회를 얻은 것에 감사한 후, 그동안 가슴 한편에 접어만 두었던 꿈들을 지금 바로 펼쳐보려 할 것이다. 그렇게 위기는 우리의 인생 여정을 완전히 다른 목적지로 인도할 수 있다.

만약 당신에게 위기가 닥쳤다면 지금이 인생의 두 번째 기회라고 생각하자. 자신에게 찾아온 이 소중한 순간을 절망과 후회만으로 가득 채우지 말고, 당당히 새로운 문을 찾아 열어 보자. 위기는 삶을 변화시키는 나침반이 될 수 있다. 진정한 변화는 결심에서 그치지 않고 행동으로 이어질 때 비로소 시작된다. 내면의 두려움이 속삭일 때마다 그것을 뛰어넘는 용기야말로 새로운 나를 찾는 첫걸음임을 기억하자.

삶은 우리에게 주어진 시간을 어떻게 채워 나가느냐에 따라 그 빛깔이 달라진다. 오늘, 바로 이 순간이 당신의 두 번째 기회일지 모른다. 그 기회를 붙잡아 새로운 여정을 시작해보자.

<파인딩스타> 영상 보기

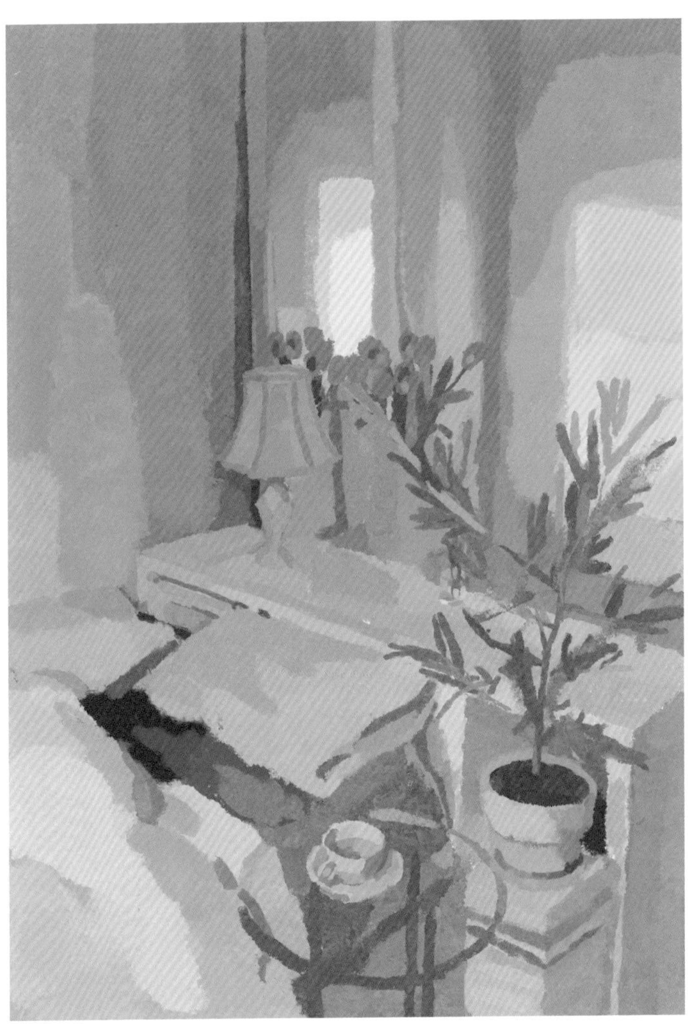

무섭게 터지는 포탄 소리와 어우러진
해맑은 세 살 아이의 큰 웃음은
사람들의 상상력을 자극시키는 동시에
안타까움을 불러일으켰다.

폭탄 소리에 신나게 웃는 세 살 아이

폭탄이 아닌
폭죽 소리로
믿게 하고 싶었습니다

시리아 북서부 도시 이들리브는 반군이 장악하고 있는 시리아의 마지막 주요 거점이다. 세 살 여자아이 '살와'의 아빠인 '압둘라'는 잔인한 현실이 슬펐다. 쉴 새 없이 쏟아지는 포화 속에서 일상을 살아야 하는 딸의 공포를 어떻게든 덜어주고 싶었다.

고민 끝에 아빠는 기막힌 생각을 해냈다. '살와'가 가장 즐거워했던 기억을 떠올린 것이다. 두려움의 상징인 공습의 폭탄 소리를 폭죽놀이로 상상하게 했다. 2년 전 이슬람 축제 때 집 밖에서 터지는 폭죽 소리를 듣고 딸 '살와'가 깜짝 놀란 모습을 본 아빠는 밖으로 데리고 나가서 아이들이 폭죽을 터트리고 깔깔대며 웃고 있는 모습을 보여주었다. 그제야 살와가 안심을 했던 기억이 있었다.

조국 시리아의 내전으로 아수라장이 된 삶의 현장에 아빠 '압둘라'는 포탄의 폭발음을 살와에게 폭죽놀이로 상상하게 했다.

"살와, 저 소리는 비행기야, 폭죽이야?"

"음, 폭죽이요! 그게 '꽝' 터지면 재밌을 거예요!"

살와가 답하자 동시에 하늘에서 포탄 소리가 꽝꽝 울렸다. 화들짝 놀란 '살와', 이내 다시 큰 소리로 깔깔대며 웃는다.

폭탄 소리에 웃음을 짓는 살와

"살와, 재밌니?"

하하하하하! 웃음이 그치지 않은 살와가 아빠의 질문에 답했다.

"네, 너무 신나요!"

10년간의 시리아 내전으로 '살와' 가족을 포함해 수십만 명의 국민이 사망했다. 그리고 수백만 명이 조국과 고향을 등지고 시리아를 탈출했다.

살와의 웃는 모습과 웃어도 웃지 못한 아빠 압둘라의 가슴 아픈 이 영상은 이웃 나라 터키를 움직였다. 그들은 살와 가족이 안전하게 정착할 수 있도록 난민촌으로 인도해 주었다.

"우리는 10년 동안 전 세계에 도움의 메시지를 보냈습니다. 그러나 이제는 지쳤습니다. 우리는 단지 아이들이 안전하길 바랄 뿐입니다. 단지 그것뿐입니다."

압둘라는 호소하듯이 말했다.

시리아 내전은 10년이 지났음에도 상황이 더 악화되었다. 그토록 바라던 아이들의 평범한 일상은 상상조차 하기 어렵게 되었다. 길어진 내전으로 인한 난민을 위한 도움의 손길은 오히려 점차 줄고 있다. 여전히 포

시리아는 오랜 내전으로 건물들이 거의 파괴되었고 수많은 인명 피해가 발생했다

화 속에 남아 있는 아이들의 잃어버린 웃음은 언제쯤 되찾을 수 있을까?

“우리는 살와의 순수한 웃음소리를 기억해야 합니다.”

* 아이들의 웃음이 들리지 않는 세상

전쟁과 분쟁이 끊이지 않는 세상 속에서 가장 먼저 사라지는 것은 어린아이의 웃음소리다. 폭탄이 터지고 총성이 울리는 곳에서 아이들은 웃음 대신 공포를 배우고, 놀이 대신 생존을 익힌다. 전쟁은 단순히 땅과 이념을 둘러싼 싸움이 아니다. 그것은 인간의 존엄성과 가장 순수한 행복을 빼앗아가는 거대한 폭력이다.

시리아의 어린아이 살와는 포탄이 떨어질 때마다 웃음소리를 터뜨린다. 아이가 두려움에 떨지 않도록 포탄 소리를 폭죽 소리로 여기게 한 아빠의 마음에 공감이 간다. 그 해맑은 웃음은 아버지의 필사적인 보호 본능과 아이의 순수함이 만들어낸 기적 같았다. 그러나 동시에 그 웃음이 얼마나 아픈 진실을 담고 있는지 깨닫고 나면 누구나 마음이 무거워진다.

아이들의 웃음소리는 세상의 희망이다. 그 웃음이 울려 퍼지는 곳에는 미래가 있고, 삶의 온기가 있다. 하지만 전쟁은 그 희망을 무참히 짓밟는다. 살와의 웃음 속에 담긴 두려움과 슬픔은 단지 살와만의 문제가 아니다. 전 세계 분쟁 지역에서는 여전히 수많은 아이가 전쟁 속에서 자라며 웃음을 잃고 있다. 그 아이들에게 평범한 일상은 너무 먼 꿈이다.

살와의 웃음이 사람들에게 충격을 준 이유는, 그

웃음이 전쟁이 만든 비극을 역설적으로 보여주었기 때문이다.

아이들의 웃음소리를 지키는 것은 인류의 책임이다. 전쟁의 논리 속에서 국가와 이념이 중요할지라도, 그 무엇도 한 아이의 웃음보다 가치 있을 수 없다. 전쟁은 언젠가 끝나겠지만, 전쟁 속에서 잃어버린 웃음과 순수함은 되찾기 어렵다.

그래서 우리는 세상에서 가장 가치 있는 것이 무엇인지 다시 한번 상기해야 한다. 아이들의 웃음을 위해 세상은 더 나은 방향으로 나아가야 한다. 더 이상 살와와 같은 아이들이 전쟁 속에서 웃음을 배우지 않도록, 우리는 그들의 미소를 위해 노력해야 한다.

<파인딩스타> 영상 보기

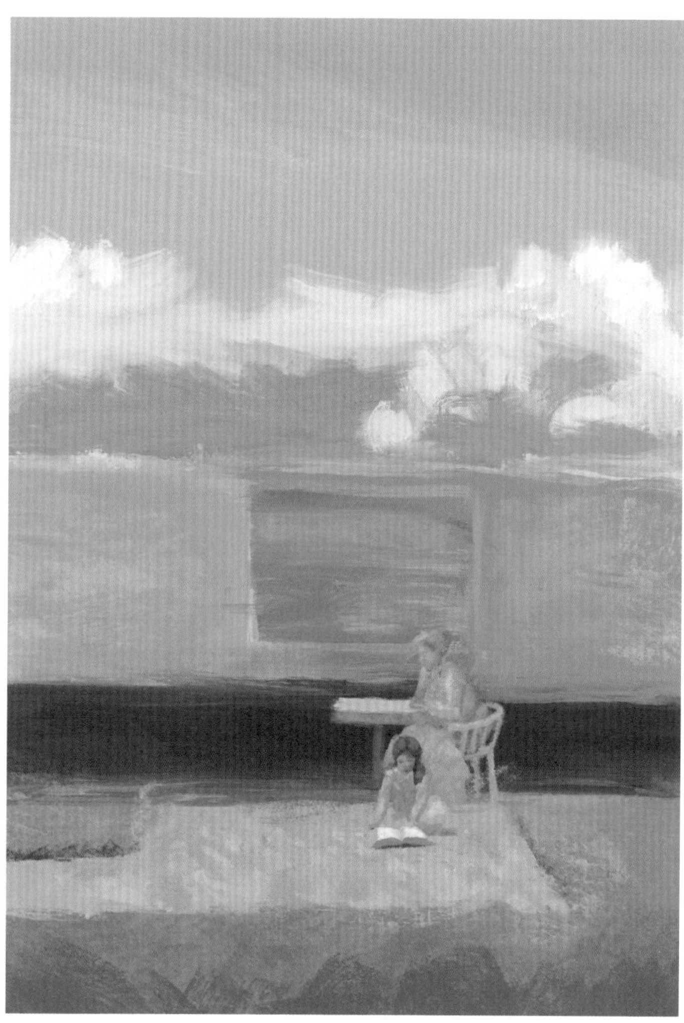

미군 영웅 클라렌스 스마이어가 전쟁이 끝난 후
무려 60년을 남모를 고통 속에 살아 왔음을
세상 사람들은 알지 못했다.

50년 후에 참회한 미군과 독일군

죄송합니다,
잊지 않겠습니다

1995년 여름, 미국의 한 주택에 우체국 소포 하나가 배달되었다.

어느덧 50년이 지나고 이제는 노년이 된 클라렌스 스마이어에게 뜻밖에도 전쟁 당시 미군 종군 기자가 촬영한 영상 테이프가 배달된 것이다. 그 흑백 영상 속에는 50년 전 전투 현장이 담겨 있었다.

영상의 시작은 제2차 세계 대전 당시 독일 쾰른 성당 전투였다. 독일 심장부 쾰른으로 진격한 미군 기갑부대에게 전쟁사에 남을 참혹한 전투가 기다리고 있었다.

소포로 온 영상을 확인하고 있는 클라렌스 스마이어

이른바 쾰른 성당 전투였다. 그리고 그 전투 바로 전, 아군 쪽으로 진격해 오던 독일 판터 탱크 한 대가 갑자기 건물 뒤로 모습을 숨겼다. 긴장감이 흐르던 순간, 미군 탱크 안에 있던 사격수 스마이어는 숨은 건물을 향해 포를 발사했다. 건물은 무너지고 잠시 정적이 흘렀다.

그러더니 갑자기 그 건물에서 검은색 승용차 한 대가 거리를 가로지르며 나타났다. 스마이어는 위장한 독일군으로 생각하며 기관총을 발사했다. 동시에 반대편 어디에선가 총탄이 쏟아졌다. 타깃은 똑같이 검은색 차량이었다.

그 순간 파손된 검은색 민간 차량의 문이 열렸고, 차 안에서 금발의 여성 한 명이 나오자마자 쓰러졌다.

그녀는 다행히 미군 의무병에게 발견되어 구조되었다.

'내가 저 여성을 쏘다니!'

탱크 조준경을 보고 있던 스마이어는 믿을 수가 없었다. 멀리서나마 깜빡이는 그녀의 눈이 보였다. 그것은 스마이어가 본 그녀의 마지막 모습이었다.

자책감도 잠시, 스마이어의 퍼싱 탱크는 명령에 따라 쾰른 성당으로 향하고 있었다. 전투가 임박했을 때 전방 좌측에는 미군 셔먼 탱크 한 대, 우측에는 미군 최신예 탱크인 퍼싱 탱크가 있었다. 바로 그 탱크에 스마이어가 탑승하고 있었다. 그들은 쾰른 성당 사거리를 향해 조심스럽게 진입했다.

그때 갑자기 매복해 있던 독일의 판터 탱크가 미군 셔먼 탱크 한 대를 타격했다. 속수무책이었다. 미군

전투 당시 스마이어의 퍼싱 탱크 부대원들과 찍은 실제 사진 (윗쪽 가운데 헬멧 벗은 미군이 스마이어)

셔먼 탱크는 화염에 휩싸이고 탑승한 대원들은 즉사하거나 탈출 도중 극심한 부상으로 사망하고 말았다.

잠시 후 독일 판터 탱크는 스마이어가 탑승한 탱크를 향해 포신을 돌리고 있었다.

잠시 정적이 흘렀고, 스마이어의 탱크에 '우회하여 독일 판터의 측면을 공격해라' 하는 공격 명령이 무전으로 전달되었다.

제2차 세계 대전 당시, 연합군이 가장 두려워 했던 독일의 판터 탱크를 정면에서 상대할 연합군 측 탱크는 거의 없었다. 단지 독일 판터의 유일한 약점인 측면을 노리는 전술밖에 없었다. 그나마 공격력이 다소 강해진 탱크가 바로 미군의 퍼싱 탱크였다. 스마이어의 탱크는 건물 우회하여 기습적으로 적의 측면을 노릴 준비를 했다. 그리고 조심스럽게 독일 판터 탱크의 측면으로 포신을 돌렸다. 이를 눈치챈 독일 판터 탱크의 포신도 스마이어의 탱크를 향해 빠르게 회전하고 있었다.

그러나 먼저 방아쇠를 당긴 건 스마이어의 미군 탱크 퍼싱이었다. 몇 초의 차이로 먼저 포신이 발사되고, 제1탄이 근거리에서 정확히 명중하자, 독일군은 가까스로 도망쳤다. 제2탄, 3탄 역시 스마이어는 타깃을 향해 정확히 발사했다. 이를 계기로 스마이어는 사격술과 기세를 몰아 독일 탱크를 수차례 격파하며 혁혁한 성과를 거두었다.

미군 청년 19세 스마이어는 영웅이 되었다. 당시 종군기자인 블레이츠가 영상을 생생하게 촬영했으며, 지금까지도 긴박했던 당시의 참혹한 상황을 보여주고 있다. 영상을 본 노년의 스마이어는 화면 속 특정 장면을 계속 반복해서 보고 있었다. 쾰른 시가지의 민간이 차량을 기관총으로 발사했던 당시의 화면이었다.

스마이어는 자신이 쏜 총탄의 피해자가 그 차량과 여성이 아니기를 바랐다. 하지만 몇 번이고 되풀이해도 변하지 않은 사실은 자신이 오발 사격을 했다는 것이다. 분명 탱크에서 조준경으로 응사한 타깃은 그 차량과 여성이었다.

스마이어는 그 영상을 본 이후부터 견딜 수 없는 악몽에 시달렸다. 밤마다 꿈속에 그녀가 나타났고 공포를 견딜 수 없었다. 스마이어는 약물 치료를 시도했지만, 부작용은 더욱 심해졌다. 과거의 기억을 억누르고 강제로 지워보려 했다. 술과 약물로도 버텨 보았다. 오히려 상태는 더욱 악화되어 스마이어를 괴롭혔다.

그러던 어느 날, 이 고통에서 벗어날 수 있는 유일한 방법은 직접 하는 사과뿐이라는 생각이 들었다. 쾰른 성당을 직접 방문해 진심으로 사죄하는 것만이 자신의 고통과 죄책감을 해결할 수 있다고 생각하고는 현지를 방문했다. 독일 기록물 보관소의 도움으로 당시의 정보와 자료, 모든 연락처를 수소문했다. 얼마 지나지 않아 뜻하지 않은 사람을 그곳에서 만나게 되었다.

독일의 쾰른 전투에서 민간인 차량을 향해 스마이어가 기관총을 발사할 당시 반대편에서도 동시에 쏜 독일의 탱크가 있었다. 바로 그 탱크 부대원이 생존해 있음을 알게 되었다. 그는 독일 탱크 사수인 쉘튼이었다.

스마이어는 극적으로 그와 만났다. 쉘튼은 당시 17세의 어린 소년이었으며, 북독일 농장의 어린 국방군 병사였다. 처음에 쉘튼은 미국인 스마이어가 왜 자신을 찾는지 알 수 없었다. 다소 긴장했지만, 먼저 악수를 청한 건 스마이어였다.

"전쟁은 끝났고 우리는 지금 친구가 될 수 있습

니다.”

스마이어는 손을 내밀며 말했다. 그들은 이제 전투에서 마주친 적이 아닌, 둘도 없는 친구가 되었다.

스마이어는 쉘튼과 함께 항상 꿈속에 나타난 그 여인이 있는 장소로 향했다. 당시의 민간인 차량에 대한 얘기를 전하자 쉘튼 역시 그 상황을 정확히 기억하고 있었고, 스마이어가 보았던 종군기자의 촬영 영상까지도 봤다고 전했다.

그리고 스마이어 역시 어린 나이였고, 민간인 차량에 대한 정보를 전혀 모른 상황이었다고 말하자, 쉘튼은 자신도 마찬가지였으며, 그래서 그 차량을 사격했다는 뜻밖의 대답을 했다.

그와 쉘튼이 동시에 그 차량을 사격했던 사실을

제2차 세계 대전의 쾰른 탱크 전투 당시 대치했던 독일군 쉘튼과 미군 스마이어

확인하는 순간이었다. 어쨌든 중요한 건 그녀의 생사였다. 둘은 그녀가 누군인지, 어떻게 되었는지 알고 싶었고 반드시 사죄해야 한다고 생각해서 다시 한번 독일 기록보관소의 도움으로 그녀를 찾았다. 그녀 이름은 카탈리나 에세로 당시 26세의 젊은 여성이었다.

전쟁 중에 언니의 조카들과 부모님을 돌보고 있었고, 야간에는 대학에서 가정학 학위 공부를 했고, 낮에는 식료품 가게에서 일하던 중 위험한 시가지를 벗어나려고 가게 주인과 함께 이동 중에 참변을 당하고 말았다. 결국 당시에 숨을 거두었던 카탈리나는 근처의 교회 묘지에 묻혔다. 참변을 당한 카탈리나의 언니도 종군기

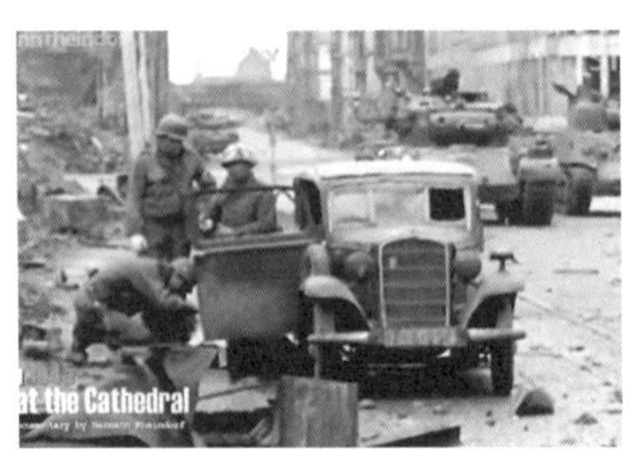

기관총에 피격된 민간인 차량 옆에서 카탈리나를 치료 중인 미군 의무병

자가 촬영한 그 영상을 보았고, 카탈리나에 대한 이야기를 전할 수 있었다.

스마이어와 쉘튼은 카탈리나 묻혀 있는 교회 묘지를 찾았지만, 비문 어디에도 카탈리나의 이름은 없었다. 이곳에서 당시 사망한 많은 민간인을 모두 함께 묻었기 때문이다.

”죄송합니다!“

스마이어와 쉘튼은 그곳에 노란 장미를 놓으며 무릎을 꿇고 그녀에게 진심 어린 사과를 했다. 뒤늦게 찾아와 너무 죄송하다며, 비석들 앞에서 한참 동안을 고개를 들지 못했다.

“카탈리나! 영원히 당신을 잊지 않겠습니다.”

스마이어는 마지막 말을 남겼다.

카탈리나의 언니와 조카에게도 그 뜻을 전했다. 그들은 노인이 된 두 남자 스마이어와 쉘튼을 비난하지 않았다. 그 대신 “이 전쟁을 시작한 사람들이 카탈리나를 죽인 것입니다.”라고 말했다

집으로 돌아온 스마이어는 조금이나마 위로를 받았고, 마음의 짐을 내려놓을 수 있었다. 기묘한 인연 속

에서도 독일인 쉘튼과 미국인 스마이어는 친구가 되었다.

2017년, 독일 친구 쉘튼은 숨을 거두었고, 스마이어는 장례식에 꽃과 비문을 보냈다.

"참혹했던 전투 이야기는 두 번 다시 말하고 싶지 않습니다. 그러나 카탈리나의 얘기는 계속할 겁니다. 그것만이 그녀를 영원히 살 수 있게 하기 때문입니다."

"카탈리나 에쎄 Katharina Esser ,
그리고 전쟁의 희생자들을 깊이 애도합니다."

카탈리나 에쎄의 생존 모습

* 전쟁의 기억과 사죄의 무게

전쟁이 끝나도, 전쟁은 끝나지 않는다. 총성이 멎고 전투가 끝나도, 그 기억은 오래도록 남아 사람들의 가슴 속에 깊은 상처로 자리 잡는다. 한때 전쟁 영웅으로 불렸던 미군 클라렌스 스마이어의 이야기는 그 사실을 여실히 보여준다. 전쟁의 승리자도, 패배자도 모두 고통 속에 남겨진다.

전쟁은 누군가의 영웅담으로 남지만, 그 뒤에는 비극이 가려져 있다. 스마이어의 사과를 통해 우리는 전쟁의 본질이 무엇인지 다시 생각하게 된다. 전쟁에서의 승리는 누군가의 죽음 위에 세워진다. 그 죽음이 적이든, 아군이든, 무고한 민간인이든, 전쟁은 그 자체로 불행이다.

사죄는 단순한 말이 아니다. 그것은 고통을 인정하고, 책임을 느끼며, 진심으로 용서를 구하는 행위다. 스마이어의 사과는 늦었지만, 그가 남긴 메시지는 여전히 유효하다. 전쟁의 상처는 시간이 지난다고 치유되지 않는다. 오히려 기억 속에서 점점 무겁게 가라앉는다. 그 무게를 덜어내기 위해 스마이어는 직접 현장을 찾아가 사과하고, 희생자를 애도하며 마음의 짐을 내려놓았다.

그의 사과는 전쟁의 참혹함과 인간의 양심 사이에서 길을 찾으려는 몸부림이었다. 전쟁이 남긴 상처를 치유하는 길은 사과와 기억에서 시작된다. 역사의 아픔을 마주하고 피해자들을 기억하며, 같은 비극이 반복되지 않도록 노력해야 한다.

스마이어의 마지막 말처럼, 참혹한 전투 이야기는 두 번 다시 반복되어서는 안 된다. 하지만 전쟁 속에서 희생된 사람들의 이야기는 계속해서 전해야 한다. 그것만이 그들을 영원히 살게 하는 길이기 때문이다.

<파인딩스타> 영상 보기

참을 수 없는 1%의 눈물

초판 1쇄 발행 2025년 6월 10일

지은이 한유길
펴낸이 김승헌
편집 김아롬
외주 디자인 권지혜

펴낸곳 도서출판 작은우주
주소 서울특별시 마포구 양화로 73, 6층 MS-8호
전화 031-318-5286 | 팩스 0303-3445-0808 | 이메일 book-agit@naver.com
등록 2014년 7월 15일(제2019-000049호)

ISBN 979-11-991654-1-0(03320)

*북아지트는 작은우주의 성인단행본 브랜드입니다.